TOD
· TRANSTORNO DE OPOSIÇÃO DESAFIANTE ·

Dados Internacionais de Catalogação na Publicação (CIP)
(Câmara Brasileira do Livro, SP, Brasil)

Muratori, Pietro
TOD : Transtorno de Oposição Desafiante : o que fazer e o que evitar : guia rápido para professores do Ensino Fundamental : anos iniciais / Pietro Muratori, Marina Papini ; tradução de Moisés Sbardelotto. – Petrópolis, RJ: Vozes, 2023. (Coleção O que fazer e o que evitar)

Título original: Disturbo Oppositivo Provocatorio: cosa fare (e non).
Bibliografia.

3ª reimpressão, 2025.

ISBN 978-85-326-6519-5

1. Agressividade (Psicologia) em crianças 2. Distúrbios de comportamento em crianças 3. Educação (Ensino Fundamental) 4. TOD (Transtorno de Oposição Desafiante) I. Papini, Marina. II. Título.

23-167068
CDD-618.9289

Índices para catálogo sistemático:
1. Transtorno de Oposição Desafiante : Psiquiatria: Ciências médicas   618.9289

Aline Graziele Benitez – Bibliotecária – CRB-1/3129

Pietro Muratori e Marina Papini

TOD

· TRANSTORNO DE OPOSIÇÃO DESAFIANTE ·

O QUE FAZER (E O QUE EVITAR)

guia **RÁPIDO** para professores do ENSINO FUNDAMENTAL
○ ANOS INICIAIS ○

Tradução de Moisés Sbardelotto

EDITORA VOZES

Petrópolis

© 2023, by Edizioni Centro Studi Erickson S.p.A., Trento (Itália)
www.erickson.it
www.erickson.international

Tradução do original em italiano intitulado *DOP – Disturbo Oppositivo Provocatorio - Cosa fare (e non) – Scuola primaria - guida rapida per insegnanti*

Direitos de publicação em língua portuguesa – Brasil:
2023, Editora Vozes Ltda.
Rua Frei Luís, 100
25689-900 Petrópolis, RJ
www.vozes.com.br
Brasil

Todos os direitos reservados. Nenhuma parte desta obra poderá ser reproduzida ou transmitida por qualquer forma e/ou quaisquer meios (eletrônico ou mecânico, incluindo fotocópia e gravação) ou arquivada em qualquer sistema ou banco de dados sem permissão escrita da editora.

CONSELHO EDITORIAL

Diretor
Volney J. Berkenbrock

Editores
Aline dos Santos Carneiro
Edrian Josué Pasini
Marilac Loraine Oleniki
Welder Lancieri Marchini

Conselheiros
Elói Dionísio Piva
Francisco Morás
Gilberto Gonçalves Garcia
Ludovico Garmus
Teobaldo Heidemann

PRODUÇÃO EDITORIAL

Aline L.R. de Barros
Jailson Scota
Marcelo Telles
Mirela de Oliveira
Natália França
Otaviano M. Cunha
Priscilla A.F. Alves
Rafael de Oliveira
Samuel Rezende
Vanessa Luz
Verônica M. Guedes

Secretário executivo
Leonardo A.R.T. dos Santos

Editoração: Maria da Conceição B. de Sousa
Ilustrações: CarciofoContento
Diagramação: Sheilandre Desenv. Gráfico
Revisão gráfica: Luciana Moraes
Capa: Edizioni Centro Studi Erickson S.p.A.
Arte-finalização: Editora Vozes
Ilustração de capa: CarciofoContento

ISBN 978-85-326-6519-5 (Brasil)
ISBN 978-88-590-3053-9 (Itália)

Este livro foi composto e impresso pela Editora Vozes Ltda.

SUMÁRIO

Apresentação, 7

Introdução, 9

Comportamentos problemáticos, 19

CAPÍTULO 1 Tem crises de raiva frequentes, 20

CAPÍTULO 2 É melindroso, 26

CAPÍTULO 3 Diz que é visado pelos outros, 32

CAPÍTULO 4 Chega à escola de mau humor, 38

CAPÍTULO 5 Infringe as regras, 44

CAPÍTULO 6 Ofende os colegas, 52

CAPÍTULO 7 Desafia o professor, 58

CAPÍTULO 8 Destrói o material escolar, 64

CAPÍTULO 9 É deliberadamente afrontoso, 70

CAPÍTULO 10 Tem pouco interesse em interagir com os colegas, 76

CAPÍTULO 11 Não se sente culpado, 82

CAPÍTULO 12 Não anota as tarefas, 88

Referências, 97

Apêndice, 99

APRESENTAÇÃO

Caros professores e caras professoras,

Na minha vida profissional, trabalho há muitos anos com crianças com dificuldades de comportamento e seus responsáveis. Tento oferecer a eles caminhos de avaliação específicos e abordagens de tratamento eficazes. Em minha atividade científica, lidero projetos e publico artigos com o objetivo de delinear cada vez melhor as características peculiares de cada criança e indicar o melhor caminho de tratamento, tanto para ela quanto para seus responsáveis. Um elemento-chave nesses percursos de avaliação e de tratamento é o diálogo com os professores.

Um dia, recebi uma mensagem de áudio pelo WhatsApp do professor de Lorenzo: "Informo-lhe que ontem Lorenzo teve uma manhã movimentada na escola. Pelo que entendi, ele teve uma noite ruim. Tentei lembrar a Lorenzo dos acordos que havíamos feito sobre a possibilidade de sair da sala em seus momentos de máxima ativação, para depois retornar após um tempo preestabelecido. Isso não foi o suficiente. O que notei desta vez, assim como nos outros episódios de que já falamos, é a facilidade dele em se irritar, a ponto de ranger os dentes, passando de um estado de aparente calma para um estado de forte agitação, como se estivesse em uma montanha-russa. Pois bem, isso me perturba um pouco".

Lorenzo é um menino do quarto ano, diagnosticado com TOD. No fim do ano letivo passado, ele havia melhorado muito. Mas agora manifesta comportamentos vingativos e de oposição e, nos últimos dias, até crises de raiva. Ele e seus responsáveis fazem um tratamento semanal. Lorenzo tem professores que o acompanham com atenção e afeto. Porém, nestas primeiras semanas de escola, seu comportamento piorou significativamente. Será que alguém está fazendo algo errado? A escola? Nós, médicos? Os responsáveis? Acho que não. Talvez, na verdade, a dor que crianças como Lorenzo tentam apagar distraindo-se ou mostrando-se fortes seja um sintoma honesto de sua fragilidade. É muito difícil para todas as crianças não fugir diante das próprias fragilidades: para conseguirem fazer isso, elas precisam de coragem e paciência. Essa coragem e essa paciência são difíceis de encontrar sem um adulto que as acompanhe, sem um adulto que segure a mão delas e que as guie pacientemente. Ao tentarem aplicar quaisquer indicações contidas neste livro, façam isso com a intenção de apoiar as crianças a enfrentarem as próprias fragilidades. Qualquer criança que perceber e for tocada por essa intenção sincera de vocês voltará a ter esperança de conseguir, voltará a acreditar nas próprias capacidades, voltará a se surpreender diante da vida.

* * *

✪ Para uma melhor fluidez de leitura e para garantir a plena acessibilidade aos conteúdos, o texto refere-se principalmente ao gênero masculino. Entretanto, especifica-se que as ocorrências no masculino sempre são dirigidas indiferentemente a todos os gêneros.

INTRODUÇÃO

Com o termo "Transtornos Comportamentais", referimo-nos à condição de crianças que apresentam comportamentos agressivos, dificuldade em regular suas próprias emoções e pouco respeito pelas regras dadas por professores, professoras e responsáveis. Essas características devem estar presentes quase todos os dias por pelo menos seis meses e costumam ocorrer tanto no ambiente familiar quanto no ambiente escolar.

Algumas crianças desenvolvem essa sintomatologia devido à falta de regulação das emoções básicas, muitas vezes associada a dificuldades acentuadas nas capacidades de atenção; outras tendem a mostrar suas maiores dificuldades no âmbito do respeito às regras e se caracterizam também por déficits nas capacidades empáticas.

O comportamento de oposição faz parte de uma trajetória típica de desenvolvimento, pois constitui uma das expressões da vontade de autonomia da criança.

No desenvolvimento típico, o comportamento de oposição, portanto, tem a função de buscar a autonomia e a própria identidade: nesses casos, a criança se opõe às regras porque as vê como uma limitação à sua vontade de explorar.

Esse padrão comportamental costuma ceder espaço a esquemas de comportamento mais controlados e maduros, associados a um conjunto de normas que permitem agir com destreza dentro dos diferentes contextos de vida.

Quando isso não ocorre, e essa tendência à hostilidade se torna crônica, surgem também dificuldades em relação à adaptação, às relações familiares e, mais tarde, às relações sociais com o grupo de pares.

> O Transtorno de Oposição Desafiante (TOD) configura-se como um padrão de humor irritável e colérico com comportamentos provocadores, polêmicos, vingativos e desafiantes. Uma de suas características fundamentais é que esses padrões são frequentes, persistentes e geralmente pervasivos, ou seja, presentes em vários contextos ambientais.

Justamente a natureza pervasiva dos sintomas do transtorno é geralmente um indicador de sua gravidade. Além da natureza pervasiva, outro indicador específico para distinguir comportamentos típicos para a idade de comportamentos sintomáticos é o limiar numérico dos comportamentos identificados.

Um aspecto importante a se considerar é que as crianças com TOD muitas vezes não se consideram irascíveis ou irritáveis, mas tendem a considerar seus próprios comportamentos negativos como uma resposta a demandas excessivas do ambiente e, muitas vezes, justificam-nos como consequência das intenções maliciosas dos outros. Devido ao fraco controle emocional/comportamental e aos vieses de avaliação em relação às intenções do ambiente externo, as crianças com TOD vão ao encontro de conflitos frequentes tanto com as figuras de autoridade, sejam elas quais forem, quanto com os pares dentro das relações de amizade.

O transtorno tem uma incidência maior nas famílias nas quais se utilizam estratégias educacionais rígidas, coercitivas e ineficazes, assim como em famílias com uma situação socioeconômica desfavorecida, e isso indica que a família constitui um fator de risco/proteção muito importante em relação ao desenvolvimento do transtorno. Porém, é difícil definir com certeza a contribuição das duas partes (os cuidadores e a criança) na modificação da probabilidade de a criança desenvolver determinados sintomas: são os cuidadores, com estilos parentais negativos e estratégias educacionais inadequadas, ou é a criança que influencia os estilos parentais mediante um temperamento difícil e tenaz?

A predominância do TOD é de cerca de 4% da população em idade escolar dos anos iniciais do Ensino Fundamental. O transtorno parece ter maior predominância nos meninos do que nas meninas (4:1); alguns autores afirmam que se trata de 3-4% para os meninos e de 1-2% para as meninas. Também parece que as meninas geralmente manifestam características de opositividade em relação aos meninos, que, por sua vez, são mais frequentemente vistos como crianças agressivas.

Na maioria dos casos, os sintomas do TOD se manifestam durante a primeira infância, raramente após a adolescência. Muitas vezes, o TOD precede o desenvolvimento de um Transtorno da Conduta (TC), embora nem todas as crianças e os adolescentes com TOD evoluam nessa direção. O TC é um grave transtorno do comportamento, em que os sintomas incluem agressões a pessoas e/ou animais, furtos, enganos ou destruição de objetos ou bens. Reconhece-se que a transição do TOD para o TC é mais provável quanto mais precoce for o aparecimento dos sintomas e que alguns dos comportamentos sintomáticos tendem a aumentar, tanto na frequência quanto na intensidade, durante os anos iniciais do Ensino Fundamental.

Os fatores de risco que a literatura científica indica como base da etiologia do TOD são diversos e de natureza diversa.

● *Fatores temperamentais:* são características constitucionais da criança, parcialmente moduláveis pelo ambiente. Estaria exposta a um maior risco uma criança com um temperamento com dificuldade na regulação das emoções de medo e tristeza.

● *Fatores ambientais:* como vimos, o contexto familiar e a parentalidade desempenham um papel importante, podendo constituir-se como fatores de risco, quando inadequados, e como fatores de proteção, quando adequados. Observou-se com bastante frequência que, nas famílias de crianças com TOD, o estilo parental usa práticas educacionais incoerentes, coercitivas e/ou rígidas.

● *Fatores genéticos e fisiológicos:* vários marcadores genéticos estão associados a esse transtorno, que depois definirão anomalias funcionais e/ou estruturais do sistema nervoso do indivíduo. Alguns desses marcadores estão ligados a capacidades de atenção deficientes, enquanto outros indicam a dificuldade em desenvolver empatia e interesse pelos outros.

Foram encontradas várias condições nas quais o TOD coexiste com outra entidade diagnóstica, acima de tudo o Transtorno de Déficit de Atenção e Hiperatividade (TDAH): de fato, em amostras de crianças, adolescentes e adultos com TDAH, evidencia-se também um elevado número de sujeitos diagnosticados com TOD, provavelmente devido a fatores de risco compartilhados pelas duas entidades diagnósticas. Poderíamos dizer que cerca de uma em cada duas crianças com TOD também tem um problema de atenção. Nesses casos, o problema primário é o déficit de atenção, que faz com que a criança tenha uma maior dificuldade em satisfazer as demandas do ambiente e em respeitar os tempos ditados pelos adultos, sejam eles relacionados à aprendizagem ou ao comportamento a ser seguido. Tais dificuldades a expõem a inúmeras experiências de frustração, e é justamente essa frustração a centelha que acende o comportamento de oposição e agressivo. Uma característica adicional que se observa frequentemente nas crianças com dificuldade de atenção e TOD é a baixa autoestima. Frustração após frustração, insucesso após insucesso, essas crianças se convencem de que há algo de errado nelas mesmas, e isso pode levá-las a evitar e se opor a qualquer demanda que venha dos adultos.

Cada um de nós tem algo de que está convencido que nunca aprenderá a fazer. Agora, tentem imaginar por um instante que vocês se encontram todos os dias em um contexto que lhes pede para fazer exatamente esse algo. Imaginem que vocês se encontram todos os dias ao lado de outros indivíduos que conseguem fazer esse algo. Como vocês se sentiriam? Não se sentiriam frustrados e tristes? Sua autoestima não pioraria a cada dia? Embora talvez a pergunta mais importante seja: do que vocês precisariam?

Uma característica diferente, muitas vezes presente nas crianças com TOD, pode ser a pouca empatia em relação aos outros e o escasso sentimento de culpa e remorso depois de ter feito algo errado. Nos manuais de classificação diagnóstica mais recentes, elas são descritas como crianças com comportamentos de

13

oposição e agressivos, caracterizadas também pela escassez de emoções pró-sociais. Algumas crianças com TOD, portanto, manifestam episódios de dificuldades comportamentais ao lado da anafetividade, pouco sentimento de culpa ou remorso depois de terem feito alguém sofrer, pouco interesse pelo próprio desempenho escolar e baixa sensibilidade às punições. Essas crianças com TOD tendem a manifestar condutas agressivas mais frias do que as outras crianças e condutas premeditadas que visam a obter algum tipo de vantagem ou de domínio sobre o outro. Por isso, pode ser particularmente difícil entrar em relação com crianças com TOD e baixa empatia. Vulnerabilidades biológicas e contextos familiares peculiares tornaram essas crianças pouco interessadas na relação com o outro e aparentemente insensíveis ao que ocorre ao redor delas. A nossa esperança é oferecer algumas indicações úteis para que a escola e a relação com o professor e a professora se tornem um campo de treinamento para que elas possam desenvolver sua empatia.

E se não funcionar? A importância da perseverança e da autocompaixão

Quando uma criança manifesta seu mal-estar por meio do comportamento na escola, esse sofrimento reverbera no corpo e na mente do professor e da professora. Esse mal-estar é difícil de explicar para a criança e impossível de compreender plenamente para o adulto. O professor, assim, vai buscar planejar a melhor forma de ajudar a criança com dificuldade e a turma em que está inserida.

Este livro quer indicar algumas modalidades para amenizar as dificuldades das crianças e de seus professores e professoras. Pode ser visto como um livro de receitas que visa a misturar da melhor forma os ingredientes que a ciência e a experiência clínica mostram como os mais eficazes. Mas quem já trabalhou na cozinha sabe muito bem que – embora comprando as melhores matérias-primas, consultando as receitas de chefs famosos e entregando-se de corpo e alma à preparação de um prato – o resultado nunca está apenas sob o controle do "mestre-cuca". Assim como na cozinha, a experiência também ajuda na gestão da criança difícil, mas não é garantia de resultado. Se fizermos um trabalho baseado nas relações humanas, tudo é imprevisível, e muito depende de fatores que estão fora do nosso controle: o humor da criança ou os eventos de sua vida, assim como o humor do adulto envolvido na relação e nos eventos de sua vida.

A tarefa do professor e da professora é ainda mais complexo porque tem de lidar não só com a imprevisibilidade inerente às relações com cada uma das crianças das próprias turmas, mas também com a imprevisibilidade do contexto escolar. Sem falar de todos os acontecimentos que, nos últimos anos, parecem ter tornado a vida de cada ser humano mais imprevisível e complexa.

Tudo isso nos leva a considerar a tarefa do professor e da professora como um encargo portador de estresse, assim como de alegrias e satisfação. Sempre que o ser humano percebe uma situação de imprevisibilidade, ele sente essa situação como uma ameaça, que ativa automaticamente todos os sistemas de alerta presentes no sistema nervoso central do ser humano. Não é um problema se sentir sob ameaça: é um estado psicofísico determinado por aquilo que o nosso sistema nervoso central lê de maneira automática no contexto. Todas as vezes que uma criança põe em prática um dos muitos comportamentos descritos neste livro, sentimos no nosso corpo sensações de ativação (batimentos cardíacos acelerados, suor, aumento da temperatura corporal). Nesses casos, a primeira coisa a fazer é não fazer. Isso não significa permanecer impassível e calmo, mas estar ciente das próprias agitações e parar por alguns segundos antes de agir.

Qual é o conselho? Sempre que vocês notarem em uma criança um dos comportamentos descritos neste livro, em primeiro lugar concentrem a atenção de vocês no corpo de vocês e tentem respirar três vezes lentamente; depois tentem se lembrar do que vocês leram ou do que a experiência de vocês sugere. Pode parecer uma indicação banal, mas inúmeros estudos mostram que acompanhar a respiração pode ajudar a intervir com uma menor ativação emocional.

Por outro lado, é impensável que a respiração funcione com certeza absoluta e em todas as circunstâncias. Então, passemos à pergunta de partida deste parágrafo: e se não funcionar? Quando o ser humano fracassa em algo, ele tem três inimigos que se evidenciam em sua mente. O primeiro é o julgamento negativo em relação a si mesmo: "Não fui suficientemente bom". O segundo é a sensação de solidão: "Essas coisas só acontecem comigo". O terceiro é a sensação de não conseguir se desprender das emoções negativas que nos capturam no momento do fracasso. Isso ocorre tanto na mente do adulto quanto na da criança.

Como seres humanos, temos um grande recurso que pode funcionar como antídoto a esses venenos da mente, e esse recurso é a compaixão. O primeiro passo para ativá-la é reconhecer o fracasso e compartilhá-lo com a criança: "Hoje não conseguimos. Sinto muito, e acho que você também sente muito". O segundo é direcionar essa compaixão para nós mesmos, dizendo-nos palavras gentis na nossa mente: "Você fez tudo o que podia. Eu entendo que você se sinta assim", tentando também pensar que provavelmente, naquelas mesmas horas, muitos outros professores e professoras experimentaram o mesmo sentimento de derrota. Inúmeros estudos no campo da autocompaixão mostram que perseverar nessa atitude em relação a nós mesmos traz bem-estar ao ser humano e às suas relações. Certamente pode ajudar a nos julgarmos de uma forma menos negativa quando as intervenções que tentamos pôr em prática para o bem-estar das crianças não funcionam como esperamos.

Comportamentos problemáticos

CAPÍTULO 1 — TEM CRISES
de raiva frequentes

POR QUE FAZ ASSIM?

Porque a criança com TOD vive as emoções, sobretudo o medo e a raiva, de modo totalizante. Por exemplo, o medo de não conseguir administrar uma tarefa ou a raiva decorrente de uma rejeição por parte de um colega geram emoções muito intensas e dificultam que ela assuma a atitude mais funcional para enfrentar essas tempestades emocionais.

O QUE FAZER

✓ Observem e **esperem antes de intervir**. Toda palavra dita enquanto a criança está "em crise" equivale a jogar lenha na fogueira.

✓ **Validem o fato de que é possível sentir raiva** quando as coisas não ocorrem como queremos. Fazer com que a criança se sinta compreendida, e não diferente, a ajudará a se regular.

✓ **Prestem atenção também no restante da turma**, dando a entender a todos de que se trata de uma tempestade passageira.

O QUE NÃO FAZER

✗ NÃO levantem a voz e não se aproximem demais da criança para tentar conter a crise.

✗ NÃO evidenciem a dificuldade na regulação sem propor alternativas úteis.

✗ NÃO punam a criança durante a crise: vocês só aumentarão a raiva e a frustração.

O que ter em mente

A criança que tem crises de raiva frequentes sofre muito em todos esses momentos de desregulação. Se conseguisse se regular, ela o faria. Portanto, ela certamente não faz isso de propósito. Tentar se sintonizar com o sofrimento dela pode ajudar a manter o autocontrole necessário para enfrentar a situação em sala de aula. Como fazer isso? Tentem pensar em um episódio da vida de vocês em que foram dominados por uma emoção: vocês não sofreram? Não gostariam que simplesmente alguém estivesse a seu lado?

Uma emoção intensa ativa o corpo: é energia em busca de desafogo. Promovam modalidades funcionais de expressão da raiva, que ajudem a descarregar a energia: correr no mesmo lugar, apertar uma bola antiestresse, amassar uma ou mais folhas, rabiscar livremente.

Se a criança estiver "acelerada" demais do ponto de vista emocional, será inútil tentar ativar mecanismos de autorregulação nela, baseados em estratégias cognitivas e no diálogo. Em vez disso, será útil deixá-la desafogar parcialmente essa energia e, quando estiver mais calma, conversar a respeito, entender as motivações da crise e/ou fornecer instrumentos e indicações mais "cognitivas". Tentar falar com ela quando as emoções estão no ápice seria como tentar se comunicar do chão com alguém que está em um avião: poderemos gritar ou berrar o quanto quisermos, mas a pessoa não conseguirá nos ouvir.

Pode ser útil explicar aos outros alunos e alunas da turma o que está na base dessas crises. A pergunta "vocês já sentiram uma emoção muito forte?" pode ser tanto o ponto de partida para atividades estruturadas a serem feitas em sala de aula quanto uma explicação a oferecer à turma durante a crise de uma criança.

> Prestem atenção também em suas próprias emoções e tentem regulá-las da melhor maneira possível. Continuando com a metáfora do avião, é como quando os comissários de bordo recomendam que, em caso de emergência, o adulto coloque a máscara de oxigênio em si mesmo antes de colocá-la na criança: naquele momento, é fundamental que o adulto esteja consciente e seja capaz de raciocinar com lucidez para poder garantir a incolumidade da criança.

Além disso, lembrem-se de que as emoções – por mais intensas ou prolongadas que sejam – são temporárias: não podem durar para sempre. Pelo modo como funciona a fisiologia das emoções humanas, as crises de raiva se atenuarão naturalmente em cerca de 5 a 10 minutos.

Em um mundo ideal, seria possível deixar que a criança desafogue sua raiva sem que ninguém intervenha com palavras duras ou comportamentos não funcionais, depois orientá-la a tomar consciência da reação excessiva que teve, acolhendo-a e validando seu sofrimento naquele momento, e voltar a fazer a lição com tranquilidade. Estamos cientes de que a realidade é bem diferente: em sala de aula, há muitas crianças, programas e horários a serem respeitados. Cada passo rumo a um comportamento mais funcional, entretanto, é ÚTIL, é uma ajuda concreta para uma maior capacidade de se regular, para a construção de uma relação significativa que possa motivar a criança em relação ao ambiente escolar.

Como intervir

A primeira coisa a fazer diante de uma crise de raiva é se autodisciplinar: respirem! Tentem dizer a si mesmos: "Estou em uma situação difícil. É normal que eu sinta medo, raiva e preocupação, mas quero encontrar uma forma de ajudar meu aluno". Tentem notar todos os pensamentos que se amontoam na cabeça de vocês, sem deixar que eles os capturem. É normal que, nesses momentos, a mente gere pensamentos cheios de preocupações – acontece com todos os seres humanos –, mas não são pensamentos úteis, e, portanto, não é preciso dedicar-lhes as próprias energias. Em vez disso, concentrem-se na respiração de

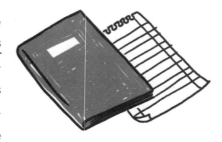

vocês e desacelerem-na deliberadamente. Esse comportamento simples pode ter efeitos calmantes no coração e na mente. Permite manter um tom de voz, uma postura e uma atitude mais acolhedores e pode ajudar a encontrar estratégias mais engenhosas para ajudar a criança a se regular. Em um segundo momento, ao término da fase aguda da crise, essa experiência também pode ser compartilhada com a criança.

Algumas horas depois da crise, é útil considerar os antecedentes. Criem uma agenda para anotar o que aconteceu pouco antes da crise. Depois de algumas semanas, essas anotações permitirão que vocês identifiquem atividades ou momentos específicos do dia em que é mais frequente que a crise se manifeste e, portanto, possam prestar mais atenção em sua gestão.

Criem na sala de aula (ou na escola) um "cantinho das emoções fortes", aonde as crianças possam ir para "desafogar" quando sentirem tais emoções.

— **Uma boa ideia**

Disponibilizem uma caixa "anti-incêndio", na qual todas as crianças da turma possam compartilhar sugestões e estratégias úteis para acalmar as emoções. Uma ou duas vezes por semana, reservem um tempo para lê-las em sala de aula.

CAPÍTULO 2
É *melindroso*

POR QUE FAZ ASSIM?

Porque a criança com TOD tem a tendência de interpretar negativamente as afirmações das outras pessoas e a perceber a ironia como um julgamento negativo sobre si mesma.

Porque toda crítica ou sugestão derruba sua autoestima, e isso a leva a reagir com forte emotividade, sem conseguir, em um primeiro momento, raciocinar sobre a observação expressada pelo outro.

O QUE FAZER

✓ Separem a criança com TOD da criança que a ofendeu, *sem discutir* se sua reação foi apropriada ou inapropriada.

✓ Se ela se sentir ofendida pelo professor ou professora, deixem-na se lamentar por alguns instantes e escutem-na em silêncio e com interesse: ela se sentirá *entendida*.

✓ Admitam que as palavras usadas em relação à criança podem ter soado não gentis.

O QUE NÃO FAZER

✗ NÃO minimizem o que ocorreu e não definam a criança como "exagerada": vocês fariam com que ela se sentisse errada e poderiam desencadear uma crise.

✗ NÃO a mimem demais: isso não a ajudará a se regular proporcionalmente à dimensão do evento.

✗ NÃO a punam: ela se convenceria ainda mais de que "todos estão contra ela".

O que ter em mente

A criança que se mostra muito melindrosa vive realmente o sofrimento que manifesta: as palavras ouvidas representam uma ferida profunda em sua amabilidade. Sente vergonha, uma emoção que ativa fortemente o corpo. No desenvolvimento típico, a criança aprende que as críticas são dirigidas ao próprio comportamento e não ao próprio ser; aprende que pode ser criticada e, ao mesmo tempo, amada e apreciada. A criança com TOD vive o que é dito pelo outro como um julgamento lapidar dirigido ao Eu, uma verdade totalizante que ativa esquemas básicos de inadequação ou não amabilidade que foram sendo criados ao longo do tempo após reiteradas experiências de rejeição ou de desvalorização por parte do outro. Muitas vezes, essas crianças provêm de um ambiente familiar em que predominam estilos educacionais coercitivos e incoerentes, e em que há uma dificuldade de interagir positivamente com elas, o que determina o estabelecimento de esquemas negativos sobre si mesma e pensamentos automáticos do tipo: "Não valho nada", "Estou errada", "Não sou boa", "Não mereço amor", sempre que se faz uma crítica ou um simples gracejo. Mesmo que o adulto ou o colega de sala, ao vê-la entrar em crise, tente se recuperar, a criança interpretará os acontecimentos por meio do  filtro negativo de tais esquemas. Uma criança melindrosa, em um primeiro momento, não desperta empatia, mas sim raiva e aborrecimento: é normal, mas é preciso entender que o que ela está vivendo naquele momento tem pouco a ver com o que realmente acabou de acontecer – o fato de que ela recebeu a mensagem "Ninguém me ama", mesmo que absolutamente não seja assim. É como quando, nos desenhos animados, vemos uma pedrinha que, ao cair na neve, se torna uma bola cada vez maior e, no fim, cria uma avalanche destrutiva: a mínima palavra pode causar um efeito-avalanche, pois se liga a todas as experiências negativas anteriores e aos esquemas nucleares negativos com os quais a criança lê seu próprio valor. É evidente que essa "avalanche", depois, reforçará os próprios esquemas, pois a reação comportamental da criança é destrutiva, causa aborrecimento ou raiva no outro, que neste ponto pode se tornar realmente desvalorizador ou ofensivo, confirmando sua previsão e rebaixando ainda mais a autoestima.

> Sempre que possível, tentem manter tudo isso em mente, deixando claro para vocês mesmos, para a turma e para a criança em crise que todos podem não se sentir entendidos ou excluídos, e que, nesses momentos, o mais útil é dizer a si mesmo algumas palavras gentis, esperar um pouco e, quando a pessoa se sentir pronta, buscar um esclarecimento com o outro. Se o desentendimento ocorreu entre colegas, vocês podem lembrar que estão ali justamente para ajudá-los a irem ao encontro uns dos outros.

Como intervir

Antes de intervir com uma criança com TOD é sempre necessário autodisciplinar-se; na medida do possível, tentem não se deixar levar pela tempestade das emoções do momento.

Dediquem alguns instantes à sua própria regulação antes de intervirem: isso servirá para poupar tempo e energia depois. Aproximem-se de forma calma, também para serem mais flexíveis e empáticos. Imaginem que vocês estão no mar, com ondas muito altas: se vocês se lançarem deixando-se levar completamente sem nenhum controle, ficarão à mercê das ondas e correrão o risco de se afogar; da mesma forma, se tentarem se opor às ondas de forma rígida demais, sem ajustar a postura ou seus movimentos, serão engolidos por elas; se, por outro lado, vocês se mantiverem flexíveis, acompanhando o ir e vir da água, deixando que os pés se soltem do fundo quando a onda os atingir, poderão se manter à tona e não serem engolidos pelas ondas. Lidar com uma criança com uma emotividade forte e impulsiva é como mergulhar nesse mar: requer flexibilidade.

Dado que, com o passar do tempo, os colegas podem rotular a criança com crises de raiva e melindre como "a estranha" que "nunca gosta de nada", dediquem-se ativamente a criar um clima de gentileza e aceitação em sala de aula e a valorizar a singularidade de cada um, com pontos fortes e fracos. Enfatizem que há algo de positivo em todos e todas, mesmo que em alguns momentos isso pareça menos evidente.

Aceitar e validar a possibilidade de "ficar mal" é a base fundamental para se abrir a qualquer forma de diálogo posterior.

Avaliem se é preciso convidar as crianças envolvidas no episódio a se desculparem pelo próprio comportamento específico com uma frase como: "Peço desculpas por...", pedindo que as duas crianças envolvidas se desculpem mutuamente.

Quando a criança não estiver ativada demais, pensem com ela sobre quais poderiam ser as intenções do outro, perguntem se ela também às vezes provoca ou diz coisas semelhantes aos colegas e com que intenção faz isso, a fim de ajudá-la a permanecer em um nível de realidade e a reduzir progressivamente as interpretações distorcidas ou hostis demais sobre o comportamento alheio.

Avaliem com ela a dimensão da ofensa recebida, preparando um "termômetro das ofensas", que também pode ser utilizado para identificar a reação comedida. Em todo o caso, enfatizem que as palavras pouco gentis fazem sofrer e devem ser sempre desencorajadas.

Proponham, inclusive fora do momento da provocação, atividades úteis para desenvolver a capacidade de compreender o ponto de vista do outro e de se colocar em seu lugar.

Uma boa ideia

Criem uma "flor das qualidades" para cada criança, fazendo com que os colegas escrevam o que gostam em cada uma, para que, nos momentos de crise, seja possível lembrar à criança "melindrosa" quantas características positivas ela possui de acordo com seus colegas de turma.

CAPÍTULO 3 DIZ QUE
é visado pelos outros

POR QUE FAZ ASSIM?

Porque a criança com TOD tende a pensar que as outras pessoas têm algo contra ela.

Porque presta atenção aos mínimos sinais de desaprovação manifestados pelos outros, que ela interpreta como confirmação do que pensa.

Porque, ao longo do tempo, desenvolveu uma "vozinha" interior crítica, que muitas vezes comenta negativamente o que ela e os outros fazem.

O QUE FAZER

✓ Peçam que ela descreva brevemente o que ocorreu, ajudem-na a se focar em dados objetivos e escutem-na com interesse e empatia.

✓ Falem com ela, mas sem que ela possa ver os colegas: convidem-na a olhar vocês nos olhos.

✓ Brinquem de encontrar mais motivos possíveis na base da provocação ou do comportamento do colega.

✓ Tentem fazer com que as crianças debatam entre si, de modo a verificar as reais intenções do outro, promovendo um diálogo gentil e respeitoso.

O QUE NÃO FAZER

✗ NÃO a contrariem imediatamente, dizendo que ela está exagerando ou que "não foi nada".

✗ NÃO concentrem a atenção nela por muito tempo.

✗ NÃO a punam: isso serviria apenas para lhe confirmar que ela é visada por todos (incluindo pelo professor ou professora).

O que ter em mente

As crianças com TOD podem parecer extremamente choronas e acusadoras, pondo à dura prova a paciência e as capacidades de mediação e de empatia do outro. Por isso, muitas vezes, podem ser "antipáticas" em relação aos colegas ou aos professores, que serão levados a rejeitá-las ou a perder a paciência, confirmando exatamente os temores ou as suspeitas da criança. Para não cair na armadilha da profecia autorrealizável, é útil lembrar que esses comportamentos da criança nascem de sofrimentos provocados por sua insegurança profunda. Desde pequena, devido à sua pouca capacidade de tolerar a frustração, ela manifesta reações desproporcionais na interação com o outro, diante de um "não", de uma brincadeira em que perdeu, de uma palavra pouco clara etc. Cada um desses eventos foi vivido como um julgamento negativo sobre si mesma, criando um esquema no qual o outro é representado como julgador e ela mesma como incapaz e, portanto, vulnerável. Esse esquema se torna o filtro com o qual essas crianças observam o mundo: é como se usassem óculos de lentes coloridas que tingem tudo o que veem, tanto na interação com o outro quanto na avaliação das próprias ações. O "filtro" assume a forma de uma "vozinha" crítica que dirige a atenção para cada mínima expressão facial, sinal não verbal, mudança de tom de voz ou palavra mal interpretada, que são lidas como sinal de rejeição ou de possível derrota e interpretadas como um julgamento negativo certo e lapidar sobre elas mesmas. É como se essas crianças vivessem a socialidade com as antenas eretas, prontas para captar todo sinal de julgamento negativo. Assim como um policial entra na casa de um suspeito guiado pela voz de quem coordena as operações, com todos os sentidos em alerta para captar o menor indício de perigo, assim também a criança com TOD muitas vezes se deixa guiar pela voz crítica na interação com o outro, julgando o comportamento do outro, mas também o próprio. Ter em mente esses aspectos da vulnerabilidade pode ajudar a criar empatia com a criança, freando a própria reação instintiva, que poderia ser a de menosprezar/banalizar o que ocorreu ou até mesmo de se irritar com ela porque "acusa injustamente" os colegas de a provocarem. Por baixo da casca opositivo-provocativa, há insegurança, medo do julgamento, baixa autoestima, pouca capacidade de despertar simpatia nos outros. O objetivo do professor e da professora é interromper um ciclo interpessoal, criando ocasiões em que a criança possa interagir positivamente com os outros.

> O certo é que, para conseguir fazer tudo isso, é necessário que o adulto de referência consiga entrar em um estado mental disposto à escuta profunda, atento à emoção e à vivência do outro, mais do que ao comportamento em si e por si mesmo.

Como intervir

Tendo compreendido melhor a origem dos comportamentos de acusação e de lamentação dessas crianças, é fundamental interromper o círculo vicioso que reforça as crenças distorcidas sobre si mesmas e sobre os outros que elas têm bem arraigadas e que filtram as experiências que fazem.

Desenvolver a gentileza em relação a si mesmo é o melhor "antídoto" para não dar razão àquela "vozinha" interior crítica que julga a si mesmo e ao outro: ajudem a criança a reconhecê-la e compartilhem com ela o fato de que muitas vezes vocês julgam "mal" a si mesmos e aos outros, mas que, com o tempo, aprenderam a não prestar muita atenção nesses julgamentos e a ser mais gentis com vocês mesmos e com os outros.

Proponham regularmente à turma atividades para <u>treinar a gentileza</u>, apresentando-se também como modelos de autorreguladores da própria "vozinha" interior. Mostrem aos alunos e às alunas como qualquer pessoa pode cair na armadilha da autocrítica ou da interpretação equivocada de alguns eventos; fazer isso é importante para depois recuperar aquela experiência no momento em que ocorrer com a criança, para que ela se sinta compreendida.

Depois de compartilhar a experiência, sugiram estratégias de enfrentamento: imaginem o que outra pessoa pensaria na mesma situação, perguntem-se se existem explicações alternativas, lembrem como costuma ser a relação com essa pessoa: talvez outras vezes as crianças brincaram bem juntas.

Se não for possível oferecer incentivos de reflexão articulados como os que acabamos de descrever, vocês podem encorajar a criança a ler algumas frases que promovam a gentileza em relação a si mesma (dirigindo-se a si mesma na terceira pessoa, como se estivesse falando com seu melhor amigo), por exemplo: "Quero que você <u>fique bem</u>. Quero que você seja feliz. Desejo que você não sofra".

Proponham à turma discussões e tarefas sobre a gentileza; por exemplo, preparem um cartaz no qual cada um é convidado a escrever ou desenhar o que é gentileza para ele ou ela.  Todos os dias, peçam que cada criança escolha um ato de gentileza do cartaz e depois dediquem um momento do dia para esse ato, por exemplo, agradecer a um colega, dar um sorriso ou fazer um carinho, dirigir palavras gentis a alguém.

Além da gentileza em relação a si mesmo e aos outros, também é importante promover a prática de se colocar na perspectiva e no lugar do outro, ao se interpretarem ações e fatos ocorridos. Para isso, vocês podem sugerir que as crianças pensem em um amigo e imaginem o que ele pensaria e como se comportaria na mesma situação que elas.

― **Uma boa ideia** ―

É possível criar um personagem, por exemplo o super-herói "Homem Gentileza" ou a super-heroína "Mulher Gentileza", que pode dar sugestões sobre uma frase ou um gesto gentil a ser feito a si mesmos e/ou aos outros. Vocês podem convidar as crianças a acompanhá-lo, desenhando-o e/ou usando-o para criar uma história, um cartaz, cartões etc.

CAPÍTULO 4 CHEGA A ESCOLA
de mau humor

POR QUE FAZ ASSIM?

Porque levantar-se da cama e preparar-se para ir à escola é cansativo para todas as crianças.

Porque a carga emotiva com que as crianças com TOD e suas famílias vivem esse momento do dia envolve muitas vezes frustração para todos.

Porque, além das dificuldades matinais, o TOD é caracterizado por jornadas com humor particularmente baixo.

O QUE FAZER

✓ Reconheçam o estado de ânimo e **validem-no**: "Vejo que foi uma manhã difícil. Entendo. Vou lhe dar alguns minutos para que você tente se tranquilizar".

✓ Antes de começar o dia, proponham um **momento de "relaxamento"** a toda a turma. Bastam 5 a 10 minutos, mas cultivem esse momento todos os dias.

O QUE NÃO FAZER

✗ NÃO comecem logo com demandas: a ativação já está muito alta, e as demandas seriam vivenciadas como mais uma frustração.

✗ NÃO enfatizem a vivência emocional dela com ironia e sarcasmo.

✗ NÃO perguntem insistentemente o que aconteceu ou porque ela se sente assim: o "interrogatório" não a faria desafogar, mas apenas se sentir debaixo d'água.

O que ter em mente

A criança chega à escola pela manhã depois de já ter vivenciado uma série de eventos sobre os quais o professor ou a professora não tem nenhum controle e sobre os quais, consequentemente, não tem nenhuma responsabilidade. Começar o dia – acordar, sair do conforto da cama, fazer uma série de ações para se arrumar e sair na hora certa – costuma ser cansativo para muitas pessoas. Para as crianças com TOD, devido às suas dificuldades de tolerar a frustração e de respeitar as regras, provavelmente é ainda mais. Além disso, devemos ter em mente que as famílias das crianças com TOD geralmente se caracterizam por uma "alta emotividade negativa", razão pela qual, quando algo não vai bem, abundam o catastrofismo, as ameaças, os gritos, os palavrões e os castigos. Na maioria das vezes, essas modalidades não funcionais não são "culpa" dos responsáveis, mas da dificuldade objetiva de "manejar" a criança.

De todos os modos, quando ela entra em sala de aula pela manhã já está sobrecarregada e com pouquíssimos recursos para lidar com os horários e as regras da escola. O professor ou a professora pode tentar intervir para aliviar essas tensões, descarregar essa energia, tentar ao máximo não acrescentar mais frustração a um sistema próximo da descompensação.

Acolher uma pessoa que já se apresenta irritada, "fazendo beicinho" e com os nervos à flor da pele não é simples. Se, pela experiência passada, sabemos que, quando a criança chega à sala de aula com esse estado de espírito, é muito provável que ponha em prática comportamentos perturbadores/provocativos ou que se irrite mais facilmente, é normal que tenhamos pensamentos do tipo: "Começamos bem!", "Bom dia para quem?", "Por que comigo?", "De novo essa história?", "Daqui para a frente só vai piorar", "A aula da manhã já está perdida" etc. É normal, mas não nos deixemos "sequestrar" por eles. O melhor caminho que temos é tentar olhar para a criança com TOD como alguém que precisa de tempo para compreender e metabolizar o que lhe aconteceu. Se, por outro lado, pensarmos que a situação evoluirá catastroficamente, isso despertará em nós emoções desagradáveis de frustração,  raiva ou preocupação, que têm pouco a ver com o aqui e agora, e, por sua vez, são ditadas pelo temor do que pode acontecer (e ainda não aconteceu). Reconhecer esse gatilho inicial pode ajudar a focar em maneiras de "desarmar a bomba" em vez de se comportar como se ela já tivesse explodido.

> Assim como para um esquadrão antibomba que manuseia um explosivo, é importante que a consciência sobre os possíveis riscos não impeça que tentemos desativá-lo. Então, agradeçamos à nossa mente porque ela nos adverte sobre os perigos, mas não deixemos que esses pensamentos amarrem as nossas mãos nem nos deixemos levar pelas emoções. Lembremos que nem sempre conseguiremos desarmar a bomba e que mesmo uma explosão controlada é um ótimo resultado.

Como intervir

Como sempre, é preciso ter em mente que, para poder tentar qualquer tipo de intervenção, é fundamental tentar regular a própria reação automática, abrindo espaço para comportamentos curiosos, autenticamente empáticos e validadores. Colocar-se no lugar do outro é importante para poder tentar ajudá-lo: perguntar-se o que gostaríamos de fazer ou de ouvir se sentíssemos o que a criança com TOD está sentindo é um primeiro passo, que contribui para entrar em um estado mental de ajuda.

Ignorar o fato de que o outro está claramente ativado quase sempre acaba sendo uma estratégia falimentar, exatamente como muitas vezes acabamos molhados debaixo da chuva por ter ignorado as nuvens escuras no céu. Explorar e tentar entender o que o outro está sentindo, sugerindo com gentileza qual emoção parece que estamos captando naquele momento, abre ao diálogo e à possibilidade de fazer alguma coisa. Convém sugerir uma emoção, em vez de perguntar algo do tipo: "Como você está? O que aconteceu?" A reação da criança ainda poderia ser de fechamento ou de oposição: nesse caso, é importante não forçá-la a falar sobre isso, mas verbalizar que aceitamos esse comportamento, porque entendemos suas motivações.

É importante dedicar alguns minutos para a gestão da emotividade matinal com toda a turma. É tempo investido no bem-estar da própria turma, a fim de prevenir crises ou comportamentos disfuncionais. Vocês podem propor um momento inicial de desafogo com movimento, mesmo sem sair do lugar, que tenha explicitamente o

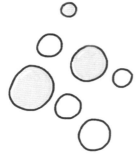

objetivo de liberar as emoções e as tensões, exercícios de respiração, uma brincadeira ou uma frase que simbolicamente possa ajudar a gerir o mau humor. Um exercício simples para se fazer todas as manhãs em sala de aula pode ser ouvir um som – sons de animais ou da natureza – por alguns minutos, sentados no próprio lugar, fechando os olhos e tentando segui-lo da melhor forma possível. Essa atividade, realizada todas as manhãs, pode criar um espaço entre as experiências vividas pela manhã em casa e a jornada escolar, e talvez até ajudar a se concentrar antes de começar as aulas. Além disso, fazer essas práticas todos juntos promove um senso de pertencimento à turma. Esse exercício pode durar alguns minutos, mas deve ser feito todas as manhãs.

Uma abordagem mais lúdica e "desdramatizante", com o objetivo de favorecer a comunicação e o diálogo sobre as próprias dificuldades, é um "momento de lamento" em que cada um conta o que foi mais difícil na sua manhã.

Uma boa ideia

Deem aos alunos e às alunas alguns instantes para representar o próprio estado de espírito em uma folha de papel, com uma frase, um desenho ou um rabisco. O próprio ato de representá-lo o tornará mais administrável: o gesto de rabiscar/escrever/desenhar pode funcionar como regulador emocional. Vocês podem combinar com a turma que essas folhas serão depois retiradas simbolicamente da sala de aula para dar "tchau" a essas emoções antes de começar a jornada escolar.

CAPÍTULO 5 INFRINGE

as regras

POR QUE FAZ ASSIM?

Porque, na mente da criança com TOD, convivem duas crenças básicas: "Não serei capaz de respeitar uma regra" e "O outro certamente vai me punir".

Porque essas duas convicções levam-na a perceber as regras unicamente como fonte de punições ou de frustração.

Porque a criança "lê" o ambiente escolar por meio dessas crenças.

O QUE FAZER

✓ Definam poucas regras, compartilhem-nas com a turma de modo claro e preciso, com inúmeros exemplos de **situações concretas**.

✓ Expliquem de que modo a regra está ligada à vontade de criar um ambiente **sereno** para todos e todas.

✓ Recompensem o respeito pela regra e ressaltem as **vantagens reais** e as consequências positivas de se seguir o que foi recomendado.

O QUE NÃO FAZER

✗ NÃO assumam como evidente o respeito pelas regras como um "dever" dos alunos e das alunas: obrigar sem explicar é fonte de frustração e de raiva.

✗ NÃO evidenciem essa dificuldade da criança com TOD em relação aos colegas: isso aumentaria sua insegurança e sua frustração.

✗ NÃO assumam uma atitude autoritária: tentem se manter calmos.

O que ter em mente

Como adultos e adultas, costumamos pensar que as crianças devem nos ouvir; também costumamos pensar que uma das coisas mais importantes a aprender durante o desenvolvimento é justamente o respeito às regras. Se, nesse momento, pararmos e dedicarmos alguns minutos para examinar a nossa vida, logo poderemos nos dar conta do quanto, mesmo quando "grandes", tendemos a não respeitar algumas regras. Sobretudo, podemos pensar em quantos aspectos da vida são <u>mais importantes do que saber respeitar as regras</u> e no fato de que o que nos ajuda e mais nos ajudou a compreender a importância de uma regra foi ter alguém ao nosso lado que nos deu atenção e amor todas as vezes (ou quase) que nos comprometemos a respeitá-la.

Cuidar de crianças com TOD pode ser muito difícil e cansativo, mas ao mesmo tempo também pode ser fonte de grande satisfação, alegria e afeto na relação. Para isso, é necessário ir além da oposição às regras, colocando-se sempre na ótica da compreensão.

A necessidade fundamental que essas crianças nos expressam é a de serem valorizadas. Diante das imposições, elas se rebelam e se opõem, até porque muitas vezes não têm modelos de referência que tenham conseguido transmitir uma coerência de comportamento ou, pior, tiveram respostas constantemente punitivas às suas manifestações de mal-estar. Responder negativamente ou com raiva a seus comportamentos de oposição apenas reforça a ideia que elas têm do outro (que é punitivo e incapaz de entendê-las) e de si mesmas (que são "más" e merecem apenas punições).

Muitas vezes, relacionamo-nos com o outro já imaginando como ele vai responder, comportando-nos de forma a provocar exatamente essa resposta, de modo totalmente involuntário. Essa tendência é automática tanto em alunos e alunas quanto em professores e professoras, e pode contribuir para a manutenção de comportamentos disfuncionais.

Por exemplo, se um menino, João, imagina que a definição de uma regra pelo professor ou pela professora tem como única consequência para ele ser punido de alguma forma, ele não se comprometerá a respeitá-la; é claro que não conseguirá, e terá comportamentos provocativos, de oposição ou de "bobo da corte", que o protegem da sensação de inadequação e talvez façam alguém rir. Esse comportamento certamente levará João a ser punido, confirmando exatamente o que ele esperava e fazendo-o repetir a experiência de uma figura de referência punitiva e autoritária.

Da mesma forma, o professor ou a professora de João esperará que ele não respeite também as outras regras definidas com a turma e que terá de administrar suas oposições todas as vezes. Essa ideia manterá o professor em alerta, levando-o muitas vezes a uma atitude ainda mais coercitiva, na esperança de que funcione. Inevitavelmente, o professor também ficará frustrado e decepcionado, talvez até arrependido pela enésima punição que foi forçado a dar a João, que realmente não quer entender nem tentar cumprir as regras. Fica evidente que essa modalidade não é útil para ninguém. O professor ou a professora pode tentar se relacionar de forma diferente, treinando a "mente do principiante", que, na ótica do *mindfulness*, indica a suspensão do julgamento e da expectativa, a observação e a exploração autêntica do que está acontecendo, com curiosidade e participação, sem nenhum preconceito. Para o professor ou a professora, aproximar-se de João "como se o visse pela primeira vez" pode ser útil para sair do círculo vicioso descrito acima, oferecendo uma modalidade diferente de interação também à criança, uma oportunidade de se comportar de maneira diferente e de surpreender.

A definição da "mente do principiante" refere-se àquele estado mental de quem se encontra pela primeira vez diante de uma situação ou aprendendo algo novo: tudo é novo, não há preconceitos, tenta-se apenas entender e se comportar em função das informações efetivas presentes na realidade daquele momento.

Treinar-se para observar as coisas dessa forma pode ajudar a sair de dinâmicas interpessoais desagradáveis, dando a si mesmo e ao outro a possibilidade de agir de uma forma nova, diferente, autêntica.

Como intervir

O respeito às regras é um aspecto muito delicado e difícil para as crianças com TOD. Geralmente, na experiência delas, as regras nunca foram fonte de vantagens, e, portanto, tais crianças dificilmente se adaptam a elas.

O primeiro passo a ser dado, portanto, é definir poucas regras, que sejam claras e muito gerais, e dedicar muito tempo a explicá-las, explicitando claramente tanto as razões que estão em sua base quanto as consequências positivas de respeitá-las. As regras devem ser poucas, gerais – e, por isso, aplicáveis em um grande número de situações – e inquestionáveis. Além disso, devem ser formuladas em termos positivos, deixando claro o comportamento esperado. Por exemplo, "ser gentil" é uma regra que pode ser aplicada a inúmeras situações interpessoais e que inclui em si mesma toda uma série de regras como "não bater", "não dizer palavrões", "não jogar objetos" etc. Naturalmente, para poder ser confiável, é indispensável mostrar-se coerente no respeito da regra.

Como já dissemos, na mente da criança com TOD, regra equivale à punição. Romper essa associação é importante para criar um clima de respeito e de tranquilidade em sala de aula, e isso pode ser feito promovendo uma nova associação: respeito à regra igual a recompensa. A recompensa não será um reforço concreto, mas um "simples" prestar atenção no comportamento da criança e valorizá-lo. Isso deve ser feito com todos os alunos, também para encorajar aquele aluno ou aluna com TOD a tentar respeitar uma regra, vendo quanta atenção é dada a seus colegas.

Fundamentalmente, poderíamos dizer que a criança com TOD deve aprender, por meio de experiências diretas ou indiretas, que o respeito à regra leva à atenção positiva, ao afeto e ao calor humano.

Muitas vezes, como adultos e adultas, tendemos a assumir como evidentes as coisas que estão certas e nos focar nas coisas que não estão: tornamo-nos "caçadores de erros".

É mais útil sermos "detetives do positivo", empenhando-nos ativamente na busca de todos aqueles pequenos comportamentos que apenas se aproximam do respeito à regra. Começar a encontrá-los e ressaltá-los fortalecerá a criança, fazendo-a se sentir apreciada e capaz, talvez pela primeira vez. Ser detetives do positivo pode se tornar uma brincadeira a ser compartilhada com a turma, na qual as crianças também treinam para buscar os comportamentos funcionais, úteis ou de respeito às regras implementados pelos colegas e valorizando-os.

Diante de infrações graves, que talvez ponham em risco outras crianças, será necessário recorrer a algum tipo de repreensão ou de parada. Na hora de repreender, é importante:

- usar poucas palavras específicas, que façam referência explícita à regra e ao que já foi compartilhado sobre ela; caso contrário, corre-se o risco de acabar falando de outra coisa também, que não é importante naquele momento;
- evitar colocar a criança no centro das atenções por muito tempo;
- fazer isso de forma breve, discreta e privada, para que a criança não se sinta humilhada perante os colegas e não ponha em prática comportamentos problemáticos para tentar chamar a atenção dos colegas.

— *Uma boa ideia*

A cada semana, todas as crianças da turma escrevem em uma folha de papel um comportamento positivo que faça referência a uma regra da turma. Essas folhas são colocadas em uma caixa, e, no início de cada semana, cada criança da turma "pesca" uma, tentando colocá-lo em prática o máximo de vezes possível durante a semana.

CAPÍTULO 6 OFENDE
os colegas

POR QUE FAZ ASSIM?

Porque a criança com TOD tem poucas competências relacionais.

Porque tem uma baixa autoestima, e difamar o outro faz com que ela se sinta melhor.

Porque muitas vezes foi exposta a uma linguagem ofensiva.

O QUE FAZER

✓ Façam-na pensar, mantendo um tom calmo e gentil, sobre como ela poderia se sentir se alguém lhe dirigisse as mesmas palavras.

✓ Reforcem as palavras ou os atos de gentileza dos alunos e das alunas.

✓ Ofereçam sempre um **espaço de perdão** e de "reparação da ofensa".

✓ Ignorem as ofensas veniais, convidando os colegas a **fazerem o mesmo**, dando novamente atenção à criança com TOD no momento em que conseguir regular a própria linguagem.

O QUE NÃO FAZER

✗ NÃO ponham em discussão a criança ("Você é..."), mas sim os comportamentos ("Você fez isto...").

✗ NÃO a punam, a menos que a ofensa seja particularmente grave.

✗ NÃO lhe deem atenção demais quando puser em prática esse tipo de comportamentos.

O que ter em mente

Muitas vezes, as crianças com TOD aprendem com suas figuras de referência modelos disfuncionais de como se relacionar. Isso pode ocorrer porque os responsáveis, talvez esgotados com os comportamentos do filho ou da filha, recorrem facilmente a punições, xingamentos e ofensas. Em outros casos, as figuras de referência podem utilizar nomes ofensivos como uma forma jocosa de entrar em relação com o outro, usando-os de forma leviana e indiscriminada. Isso pode levar a normalizar o recurso à ofensa, que a criança percebe como algo comum e repete igualmente com facilidade em todos os contextos.

> Em alguns casos, as crianças são tão frequentemente expostas a ofensas e invalidações que chegam a se convencer de que, por trás do comportamento do outro (mesmo o mais objetivamente positivo), existe a intenção de provocá-las ou de zombar delas. Essa leitura distorcida das intenções do outro pode levá-las a reagir com violência verbal a qualquer tipo de aproximação do outro.

Ter essas coisas em mente pode ser útil para tentar criar empatia com a parte frágil dessas crianças, muitas vezes bem escondida debaixo de camadas de oposição, provocação e palavrões. Na realidade, nenhuma criança, se tivesse a possibilidade de se comportar de forma diferente, poria em prática comportamentos que têm consequências evidente e certamente negativas para ela. Ofender os colegas tem como consequência o fato de ser afastado dos outros, repreendido pelos professores e professoras, puni-

do, às vezes receber um bilhete e ser punido também em casa; se fosse possível para a criança evitar isso, ela o faria. É igualmente verdade que esse mesmo comportamento provavelmente traz algum tipo de consequência positiva para a criança, caso contrário ela não o poria em prática: muitas vezes, é a atenção que ela recebe ao ofender o outro que reforça o comportamento. Acreditando ser pouco provável que o outro demonstre afeto por ela, a criança buscará atenção e "carinho" da forma que certamente obterá, justamente ofendendo o outro. Uma reprimenda, em todo o caso, é um gesto "ao menos" de atenção em relação a ela.

Para tentar sair desse círculo vicioso, é fundamental tentar sempre reforçar a criança em outras situações, dando-lhe atenção e "carinho" em todas as ocasiões em que ela se relacionar adequadamente ou se empenhar a fazer isso.

Como intervir

O professor e a professora fazem o seu melhor para serem um modelo de comportamento, demonstrando concretamente o que esperam que seus alunos e alunas façam. Ser um exemplo de gentileza nem sempre é fácil: administrar muitas crianças ao mesmo tempo e cumprir o programa pode levar ao estresse e, portanto, a reações indesejadas. Temos a certeza de que ninguém, entre os leitores e as leitoras deste livro, jamais utilizou ofensas propriamente ditas em relação a seus alunos e alunas, mas, em algumas situações, qualquer um pode perder o controle das próprias reações. Isso pode acontecer e é uma oportunidade preciosa para oferecer às crianças um modelo de comportamento de reparação. Esperem alguns minutos, respirem fundo, expliquem que houve algo que provocou essa raiva em vocês e, ao mesmo tempo, peçam desculpas sinceras por terem reagido exageradamente. Tentem não acrescentar explicações demais e tentem ser autênticos, mas sucintos em palavras.

Naturalmente, trata-se de indicações e não de fórmulas mágicas que garantem resultados imediatos. No entanto, perseverar em oferecer às crianças um modelo de adulto capaz de pedir desculpas continua sendo, em nossa opinião, a melhor forma de ajudá-las a conhecer uma modalidade diferente de gerir as próprias emoções. As crianças aprendem mais pelo exemplo do que pelas palavras.

Ensinem que a ofensa deve ser reparada com um pedido de desculpas, para restaurar a paz e dar uma nova oportunidade para serem gentis uns com os outros. As desculpas interrompem os círculos viciosos que tendem a "reacender" os ânimos e são uma forma funcional de enfrentar o problema, no respeito ao outro e a si mesmo. Admitir o próprio erro ao ofender é um ato de gentileza também para consigo mesmo, porque, ao fazê-lo, acolhemos a própria parte mais reativa e agressiva, integramo-la às outras e podemos regulá-la, sem que ela leve a melhor. Quando pedirem que a criança se desculpe, convidem-na a dizer um elogio ao colega ofendido em sinal de paz e convidem este último, por sua vez, a lhe dizer algo de gentil como aceitação de suas desculpas.

Quando tiverem que repreender um aluno, evidenciem o comportamento incorreto, enfatizando ao mesmo tempo uma característica positiva dele; por exemplo: "Você ofendeu seu colega. Normalmente, você é muito gentil e atencioso, mas desta vez você disse...". Isso o ajudará a não se sentir inteiramente investido pelo julgamento negativo de seu comportamento, explicitando a ele que, na mente do outro, sempre permanece uma imagem positiva dele.

Ajudem a criança a identificar se, um instante antes da ofensa, ele sentiu alguma emoção dentro de si mesma (talvez provocada por um comportamento alheio). Tentem comunicar a ela que vocês compreendem essa emoção, mas a modalidade como ela decidiu desafogá-la não é a ideal.

Nessa altura, vocês podem pensar em outras formas possíveis de administrar a situação ou de responder a ela, anotando-as em um caderno que se tornará uma espécie de "caixa de ferramentas", que deverá estar sempre à disposição da criança, para que ela possa recordar comportamentos alternativos a serem postos em prática em vez de ofender. Estejam atentos e prontos para perceber e reforçar até mesmo as menores gentilezas postas em prática pelas crianças da turma entre elas mesmas e que poderiam não ser percebidas por elas. Quando as crianças se ofenderem, será possível recuperar mais facilmente a recordação dos momentos positivos de relação e, assim, aliviar rapidamente a questão.

Ignorem todas aquelas pequenas ofensas que a criança com TOD costuma usar com facilidade. O objetivo é extinguir essas modalidades comunicativas, não dando atenção a elas e reforçando ativamente o uso de outro tipo de linguagem. Toda a turma deve estar necessariamente envolvida nisso, pois o risco de a utilização de certos termos provocar risos ou hilaridade entre pares é alto, e se criaria um fator de manutenção importante.

── **Uma boa ideia** ──

Durante um mês, assumam o compromisso com vocês mesmos – e o anotem em sua agenda – de se aproximarem da criança com TOD ao menos uma vez ao dia, colocando naturalmente a mão em seu ombro, buscando seu olhar e dizendo-lhe como vocês gostam que ela esteja se esforçando naquele momento.

CAPÍTULO 7 DESAFIA
o professor

POR QUE FAZ ASSIM?

Porque a criança com TOD tem uma baixa autoestima, e difamar o outro faz com que ela se sinta "poderosa".

Porque ela tem um forte senso de inadequação, do qual se defende com uma couraça narcísica, que se associa a pensamentos do tipo: "Ninguém pode me dizer o que fazer".

Porque às vezes o desafio pode servir para fugir da tristeza.

O QUE FAZER

✓ *Ignorem ao máximo os desafios*, tentando responder brevemente, gentilmente e sem alterar o tom de voz, para depois chamar a atenção para o que estava sendo feito.

✓ *Reforcem* a criança todas as vezes que ela se comportar de modo adequado.

✓ Proponham atividades para compartilhar as vivências comuns a todos de fracasso e de **senso de inadequação**.

✓ Prevejam alguns momentos estruturados nos quais as crianças, uma de cada vez, assumam papéis de **liderança**.

O QUE NÃO FAZER

✘ NÃO aceitem o desafio: "aumentar a aposta" ou punir servirá apenas para fazer com que vocês, as autoridades, sejam percebidos como um inimigo a derrotar.

✘ NÃO ponham a criança no centro das atenções.

✘ NÃO evidenciem os limites da criança em resposta ao desafio.

O que ter em mente

O motor do desafio é o sofrimento da criança, não o "ódio" contra vocês ou a maldade. Ela não aprendeu estratégias funcionais para manter a própria autoestima, senão a de intimidar o outro.

Diante de comportamentos de desafio aberto, é difícil manter a calma: o impulso é o de se engajar no "combate" e mostrar quem manda. Vocês podem sentir que correm o risco de perder o controle não apenas da criança desafiadora, mas também de toda a turma. Essa criança adquire de repente o poder de decidir sobre o trabalho de vocês, a ponto de lhes induzir a um forte senso de inadequação, com pensamentos como: "Se eu não sei lidar com uma criança do Ensino Fundamental, estou no emprego errado", "Não consegui nem lhe ensinar o respeito, talvez eu tenha feito algo errado" ou "Não posso deixar uma criança fazer o que quiser, eu sou o adulto", "Como ela ousa dizer/fazer isso?"

> Esses pensamentos podem nos levar a sentir tristeza, raiva, inadequação e baixa autoeficácia. A primeira coisa a fazer é reconhecer essas emoções, identificar os pensamentos aos quais elas se conectam e parar por alguns momentos, talvez respirando fundo, a fim de diminuir os níveis de ativação fisiológica e limpar a mente. Reconheçam a dificuldade do momento, não se deixem abalar e optem por não seguir a criança no desafio que ela está orquestrando: as consequências seriam desagradáveis para todos.

Como intervir

Tendo em mente que a origem dessas atitudes está em um núcleo de inadequação e de baixa autoestima, tentem ajudar a criança a reconhecer suas próprias qualidades e seus pontos fortes, que ela dificilmente vê, como base para poder aceitar também suas próprias fraquezas ou dificuldades. Observem-na em busca de seus recursos, reconheçam-nos e reforcem-nos logo que se manifestarem. Ao fazerem isso, vocês também terão elementos positivos para se referir nos casos em que tiverem que repreendê-la.

Dediquem alguns momentos e proponham atividades de reflexão sobre as próprias características: serão úteis para que as crianças se conheçam, identifiquem seus próprios pontos fortes e fracos, comparem-se com seus pares, descubram que as inseguranças são comuns, que todos e todas têm qualidades e defeitos, que os limites não desqualificam inteiramente uma pessoa. Por exemplo, escrevam em folhinhas de papel uma série de adjetivos que descrevam características positivas e negativas que uma pessoa pode ter, coloquem-nas dentro de uma caixa e, durante um certo período de tempo, no início da manhã, "pesquem" duas ou três delas, convidando os alunos e as alunas a dizerem se aqueles adjetivos indicam aspectos que eles reconhecem em si mesmos. Participem da atividade servindo de modelo no reconhecimento dos adjetivos negativos. Sempre que uma criança reconhecer um adjetivo positivo ou negativo, perguntem à turma se há mais alguém que compartilha a mesma característica.

Proponham a confecção de um cartão, de um cartaz ou de uma faixa intitulada "Galeria das minhas qualidades", na qual cada criança desenhará uma característica positiva sua ou algo em que seja particularmente boa, para ser enriquecido ao longo do tempo todas as vezes que a criança manifestar outras características ou por sugestão dos colegas[1].

Montem um quadro com "O melhor da semana/dia", no qual as crianças pendurarão desenhos, fotos ou anotações escritas que representem um momento de alegria, a conquista de um objetivo, uma qualidade que surgiu de modo evidente. Inicialmente, vocês mesmos poderão administrar o quadro, pendurando materiais sobre crianças sempre diferentes: ver seus próprios pequenos sucessos pendurados no quadro as motiva a se comprometerem e é um grande reconhecimento.

Outra forma de responder à necessidade de se sentirem valorizadas e capazes é atribuir papéis de responsabilidade, que mudem por turnos: por exemplo, o responsável pela fila, pelas fotocópias, pela lavagem das mãos no refeitório, pela coleta seletiva em sala de aula, pela rega das plantas etc. Alternar o desenvolvimento desses papéis entre os colegas ajudará a criança a se relacionar com a autoridade, responsabilizando-a e permitindo que ela faça experiência de suas capacidades.

---

1. Há uma ficha desse tipo em SUNDERLAND, M. *Disegnare le emozioni – Espressione grafica e conoscenza di sé*. Trento: Erickson, 1997, p. 43.

Uma boa ideia

Outra forma de reforçar a própria autoestima e promover relacionamentos pró-sociais (e não desafiadores) em sala de aula é se envolver em pequenos atos de gentileza. Para isso, pode-se usar o bingo da gentileza (https://schoolofkindness.org/): distribuam uma cartela do bingo a cada criança da turma (vejam um exemplo na página seguinte) e convidem as crianças a assinalarem os comportamentos indicados depois de os terem praticado. Quando oportuno, cada criança poderá declarar que fez uma dupla, uma terna, uma quadra etc. até ao bingo. Valorizem todas as crianças que declararem uma conquista.

BINGO DA GENTILEZA			
ESCREVE TRÊS COISAS QUE VOCÊ GOSTA EM VOCÊ MESMO	CONVIDA ALGUÉM A BRINCAR COM VOCÊ DE NOVO	DEIXA ALGUÉM PASSAR NA SUA FRENTE NA FILA	DIZ ALGO GENTIL A UM COLEGA DA TURMA
ORGANIZA OS MATERIAIS MESMO QUANDO NÃO É PEDIDO	CUMPRIMENTA UMA PESSOA NOVA	SEGURA A PORTA ABERTA PARA ALGUÉM	AGRADECE UM ADULTO QUE LHE AJUDOU
ESCREVE UM BILHETE GENTIL PARA UM FAMILIAR	SORRI PARA ALGUÉM	RECOLHE O LIXO NO PÁTIO	PERGUNTA A ALGUÉM SE PRECISA DE AJUDA
CONTA UMA PIADA ENGRAÇADA A UM AMIGO	PEDE DESCULPAS SE FEZ ALGO ERRADO	APONTA O LÁPIS DE ALGUÉM	AJUDA ALGUÉM A SE SENTAR OU A SE LEVANTAR

CAPÍTULO 8
DESTRÓI O
material escolar

POR QUE FAZ ASSIM?

Porque esse comportamento faz parte do núcleo de provocação.

Porque a criança com TOD tenta, de modo desajeitado, chamar a atenção.

Porque sente forte raiva ou frustração e a desafoga de modo destrutivo sobre os objetos.

O QUE FAZER

✓ Promovam *o respeito e a gentileza* não só em relação às pessoas, mas também *em relação às coisas*.

✓ Preparem um cantinho da sala ou uma caixa para guardar materiais *antiestresse*.

✓ Se a destruição do material se tornar excessiva ou perigosa para ela ou para os colegas, intervenham com uma *pausa*, interrompendo-a com firmeza.

O QUE NÃO FAZER

✘ NÃO recorram imediatamente à punição: se a criança estiver agindo impulsivamente, movido pela raiva ou pela frustração, sentirá isso ainda mais; se ela estiver fazendo isso como estratégia disfuncional para chamar a atenção, vocês reforçarão seu comportamento.

✘ NÃO deem muita atenção a esses comportamentos quando se manifestarem em pequena escala.

✘ NÃO levantem a voz e não diminuam a criança com frases como: "Você não aprende mesmo".

O que ter em mente

Na maioria das vezes, uma criança com TOD não adquiriu o senso de seu *próprio* valor como pessoa, muito menos o dos objetos externos. Muitas vezes, os responsáveis, sobretudo quando estão particularmente cansados/esgotados na gestão do filho ou da filha, tendem a lhe comprar coisas ou a deixá-lo livre para usar o que quiser em casa, a fim de que ele seja "bonzinho" e fique tranquilo, e evitar mais uma discussão. A mensagem que eles transmitem assim é mais ou menos a seguinte: "Estas coisas não têm valor, contanto que você se comporte". Embora garantam alguns momentos de paz em curto prazo e, portanto, sejam compreensíveis, essas estratégias não treinam para tolerar a frustração, nem educam para o valor e o respeito pelas coisas. Além disso, junto de outros fatores, podem levar ao desenvolvimento de traços narcísicos: tudo me é devido.

Por isso, é importante que outras figuras educacionais adultas, principalmente os professores e as professoras, tentem transmitir uma mensagem diferente e mais funcional sobre o respeito e a gentileza que tanto as pessoas quanto as coisas ao nosso redor merecem. Os estudos sobre comunicação têm demonstrado que o conteúdo verbal das mensagens – em comparação com o conteúdo não verbal, como o tom de voz, a postura, a expressão facial – tem um impacto muito menor sobre o que é entendido e elaborado por quem recebe. Decorre daí que, se quisermos expressar convites credíveis à gentileza, devemos fazê-lo sobretudo demonstrando gentileza.

Lembrar que a nossa tarefa é ser modelos do que queremos ver nos nossos alunos e alunas; isso é um bom guia para trabalhar o próprio comportamento. O comportamento das crianças muitas vezes é o espelho do comportamento de seus adultos de referência; como professores e professoras, vocês têm a oportunidade – e a grande responsabilidade – de dar um exemplo diferente para diferentes horas do dia e durante nove meses por ano, e com isso a melhor oportunidade de aprendizagem para muitas e muitas crianças. Da mesma forma, deem um bom exemplo organizando os materiais no fim de uma aula e reforçando os comportamentos gentis em relação a eles, até mesmo de forma chamativa. Por exemplo, ao guardarem um caderno em sua própria pasta, vocês podem dizer: "Tenho que ter cuidado ao guardar este caderno, senão ele se estraga", com um tom de voz claro e gentil.

Como intervir

Pode ser útil manter algumas plantas em sala de aula – ou ter uma pequena horta na escola – para que as crianças se revezem a fim de terem uma referência prática do que significa "cuidar": se eu tratar bem a planta, se eu a regar, se eu a mantiver iluminada, se eu tirar as folhas secas, ela vai crescer exuberante; pelo contrário, se eu der água a mais ou a menos, se eu negligenciar, ela ficará amarelada e, depois, provavelmente morrerá. Da mesma forma, com a alternância das crianças responsáveis, podem ser promovidas muitas outras atividades de cuidado da sala de aula e do material, como a coleta seletiva, a limpeza após o recreio, a organização do material escolar comum, a cesta de objetos perdidos.

Adotem, entre as regras da turma, as de "ser gentil" e "ter respeito", para que haja pontos claros e compartilhados para servir de referência em caso de dificuldade ou de comportamentos destrutivos em relação ao material escolar (seja ele próprio, comum ou de outros). Se necessário, usem uma (pausa,) um curto período de tempo em que a criança possa parar, se acalmar e eventualmente pedir desculpas. Muitos dos comportamentos destrutivos em relação ao material chamam a atenção dos colegas e são fonte de risadas para eles. É importante, mantendo-se calmos, desencorajar o restante da turma a dar mais atenção a esses comportamentos inadequados, porque, ao fazerem isso, vocês eliminam a fonte mais poderosa de reforço: a atenção dos outros. Ao mesmo tempo, "recompensem" as crianças, principalmente a com TOD, prestando atenção nelas quando se comportarem de modo adequado, quando arrumarem as coisas, quando pegarem o objeto que um colega deixou cair, quando separarem corretamente o lixo etc.

Forneçam uma alternativa válida ao ato de destruir ou jogar os objetos, próprios ou dos colegas, como estratégia para desafogar durante uma crise de raiva ou de frustração. Disponibilizem em sala de aula um "kit de emergência" com bolas antiestresse, almofadas, bichinhos de pelúcia ou outros objetos para apertar que não se deformem muito ou qualquer outra coisa que possa ser útil para desafogar energia sem ser destrutivo e que todas as crianças da turma possam usar quando começarem a sentir emoções muito fortes. Também podem ser úteis objetos para soprar, a fim de poder regular a própria respiração e, consequentemente, a própria raiva.

Se a criança danificar um objeto alheio, é útil explorar, sem julgamento nem tons acusatórios, como ela se sentiria se danificassem um objeto dela e as possíveis alternativas, pois nem todos reagimos da mesma forma. Por isso, é importante conduzir uma discussão sobre como o outro realmente se sentiu e promover a "reparação do dano" com pedidos de desculpas ou atos concretos para restaurar a situação.

 — **Uma boa ideia**

Pensem e proponham atividades que valorizem o material escolar, muitas vezes subestimado ou desvalorizado. Por exemplo: "Observar um objeto pela primeira vez", uma pequena disputa em que o vencedor é quem encontra mais detalhes em um objeto escolar escolhido entre os que as crianças da turma têm. Da mesma forma, vocês podem convidá-los a encontrar o maior número de usos possíveis, desde os mais tradicionais até os mais fantasiosos. A atividade pode ser concluída agradecendo ao objeto por ter nos divertido.

CAPÍTULO 9
É DELIBERADAMENTE
afrontoso

POR QUE FAZ ASSIM?

Porque a criança com TOD pratica a afronta sem filtros, em parte pela forte impulsividade, em parte pela indiferença em relação às consequências.

Porque o reforço que ela obtém dos colegas, em termos de atenção e da interrupção de uma atividade "chata", contribui para manter o comportamento.

O QUE FAZER

✓ Tentem fazer a criança refletir sobre o que fez, promovendo um debate sobre as emoções que a outra criança sentiu e *estimulando o pedido de desculpas como reparação pelo "dano"*.

✓ Estabeleçam junto das crianças um gesto que represente um *"sinal de pare"*, para comunicar que não estamos dispostos a continuar a chacota.

✓ Reforcem a criança no momento em que ela se relacionar com o outro de forma *adequada*.

O QUE NÃO FAZER

✘ NÃO deem atenção, mesmo que negativa, à criança apenas no momento da afronta. Assim, vocês correm o risco de encorajar essa modalidade de relação.

✘ NÃO usem frases que desvalorizem a criança, como: "Esse é um comportamento de bebezinho".

✘ NÃO se posicionem do lado dos colegas da turma que se lamentam do comportamento da criança.

O que ter em mente

Todas as crianças gostam de fazer afrontas, de brincar fazendo os outros rirem e de se colocar no centro das atenções. Durante o desenvolvimento, elas aprendem que esses comportamentos também podem ter consequências negativas, primeiro porque podem estar associados a punições para elas mesmas e depois porque podem ferir o outro. No desenvolvimento típico, a vontade de evitar consequências negativas para si e a empatia em relação ao sofrimento alheio ajudam a criança a aprender a manter sob controle o desejo de provocar. Algumas crianças com TOD são pouco sensíveis às punições e pouco predispostas a se sintonizar com o sofrimento alheio.

Como já mencionado, essas crianças custam a imaginar de forma realista as consequências das próprias ações, razão pela qual muitas vezes têm dificuldade de entender qual é o limite das chacotas. O sentimento de culpa é limitado, assim como a ressonância das emoções do outro. Muitas vezes, a resposta emocional do outro não é monitorada ativamente, de modo que elas nem se dão conta de quais emoções estão despertando na "vítima". Se, no desenvolvimento típico, formam-se freios automáticos para os comportamentos que poderiam ferir o outro, algumas crianças com TOD apresentam tais freios pouco desenvolvidos.

Geralmente as crianças com TOD têm poucas capacidades relacionais e conhecem poucas maneiras de estabelecer e manter as relações, assim como de envolver o outro ou de falar com ele. A forte impulsividade que as caracteriza e as baixas capacidades de ler a mente do outro fazem com que elas possam se apresentar com modalidades inadequadas ou francamente irritantes. O recurso contínuo às afrontas ou às chacotas é uma das principais formas com as quais elas obtêm atenção e proximidade, sem considerar minimamente que o outro pode não gostar de tais "demonstrações de afeto". Às vezes, as modalidades de relação dos responsáveis são muito baseadas na chacota e na mordacidade mais ou menos jocosa, de modo que os filhos ou as filhas tendem a repropor, a seu modo, os modelos observados e vividos em família. Afrontar, debochar ou provocar o outro lhes sai muito bem: permite chamar a atenção, muitas vezes fazer as pessoas ao seu redor rirem, criar um momento de pausa durante a aula. Isso – em comparação com a frustração que muitas vezes sentem na escola por não conseguirem se comportar adequadamente durante toda a aula ou pela manhã, à vivência de exclusão por parte dos colegas devido aos contínuos comportamentos exagerados ou às dificuldades escolares – é particularmente atraente para elas. O despeito, a chacota ou a provocação têm a função precisa de obter um reconhecimento: são uma das poucas formas pelas quais é possível que elas se sintam capazes ou pelo menos consideradas. As modalidades com que elas manifestam esses comportamentos são variadas e muitas vezes dependem da resposta que obtêm nos vários ambientes: se continuam fazendo um certo tipo de chacota, é quase certo que em pelo menos um contexto tenham obtido risadas ou atenção, sentindo-se assim benquistas ou consideradas.

Essa modalidade é um pouco a "cauda de pavão" delas. O pavão certamente não tem um canto agradável como o de um rouxinol, mas tem uma cauda enorme e muito bonita: nos momentos de busca de atenção ou de cortejo, ou mesmo apenas de tédio, ele a abre para que os outros o percebam. Ter em mente que estamos lidando com um pavão, capaz e

73

apreciado principalmente pela sua cauda, pode nos ajudar a ter empatia por essas crianças, percebendo a vulnerabilidade e o motivo real por trás de comportamentos muitas vezes detestáveis ou pouco respeitosos

Como intervir

É uma experiência comum a todos e a todas perder a paciência diante de mais uma chacota ou despeito sofrido ou visto ser feito pela mesma pessoa. É igualmente comum descobrir que tal tipo de resposta não serve para diminuir a frequência de tais ações, pelo contrário: muitas vezes a "raiva" do outro é vivida como a confirmação de que o despeito ou a provocação foi eficaz, reforçando, assim, o comportamento problemático.

Pode ser útil, com toda a turma, identificar um sinal comum que represente uma "parada" para qualquer tipo de atividade ou interação presente. Em segundo lugar, é importante começar a treinar para expressar também verbalmente o próprio desapontamento ou a própria vontade de interromper certos ciclos comunicativos nos quais as crianças não se sentem à vontade.

É inegável que as crianças com TOD são boas em fazer chacotas ou provocações: elas têm imaginação e inventividade, mas geralmente erram os tempos, a intensidade ou a frequência. Proibir completamente as provocações ou as chacotas com os colegas de turma é impensável e inútil: proibir algo o torna irresistível para todos, particularmente para as crianças opositivas. Em vez disso, é possível pensar em um momento para colocar uma criança de cada vez no centro das atenções (não apenas aquela com TOD), talvez pedindo-lhe que conte uma piada ou proponha breves esquetes que façam rir. Dessa forma, a criança conseguirá chamar a atenção mesmo assim, porque faz rir, mas de uma forma mais funcional e adequada. Além disso, por meio dessa atividade, também se comunica que muitas vezes as coisas são divertidas quando são breves.

Um ponto fundamental é a busca de atenção: muitas vezes, as crianças com TOD a recebem apenas quando praticam comportamentos disfuncionais, quando são repreendidas ou recriminadas. O despeito e a chacota muitas vezes provocam risadas, se não da pessoa em questão, dos outros que assistem. Conseguir dar atenção positiva à criança em outros momentos pode ajudar a satisfazer sua necessidade de consideração, diminuindo os comportamentos disfuncionais de busca de atenção. Assim que vocês notarem na criança com TOD um comportamento adequado, vocês podem enfatizá-lo diante de toda a turma, assim como individualmente com ela. Isso lhe ajudará a criar uma imagem de si mesma como capaz, como "vista" pelo outro também por aquilo que faz de positivo, seja muito ou pouco. O risco para essas crianças é serem vistas apenas pelas suas condutas disfuncionais e, portanto, perceberem-se como "condenadas" a desempenhar esse papel, sem possibilidade de fazer outra coisa.

Uma boa ideia

Criem um "cantinho das desculpas" na sala de aula. Pendurem um cartaz nesse espaço com palavras e frases gentis ("Desculpe", "Sinto muito", "Perdão") e convidem as crianças envolvidas em uma discussão a irem lá e escolherem uma palavra/frase de reconciliação. Convidem-nas a refletir sobre como se sentem depois de dedicarem um breve momento buscando paz e gentileza.

CAPÍTULO 10 TEM POUCO

interesse em interagir com os colegas

POR QUE FAZ ASSIM?

Porque a criança com TOD tem dificuldade de aceitar e de respeitar as regras, e as normas sociais não são uma exceção.

Porque tende a viver a socialidade de modo egocentrado, importando-se pouco com as reações alheias.

Porque a experiência é muitas vezes a da rejeição, razão pela qual tende a mostrar pouco interesse se não for em causa própria.

O QUE FAZER

✓ Proponham trabalhos ou atividades estruturadas em pequenos grupos onde haja uma finalidade comum, que promova a *cooperação entre os pares*.

✓ *Sirvam de modelo*, mostrando calor e afeto em relação aos alunos e às alunas, incentivando a atenção ao olhar, à linguagem não verbal e ao uso de palavras gentis.

O QUE NÃO FAZER

✗ NÃO repreendam os colegas nem os punam se não envolverem ativamente a criança com TOD.

✗ NÃO forcem a criança a participar das atividades, mas tentem envolvê-la de modo caloroso e lúdico.

✗ NÃO se substituam aos colegas nos trabalhos em grupo nem passem o recreio e os momentos das brincadeiras junto com a criança. Em vez disso, ofereçam-se como mediadores para inseri-la no grupo e para participar com todos e todas.

O que ter em mente

Ao estabelecer relações com os colegas, as crianças têm dificuldade, assim como descobrem novas e agradáveis emoções.

Normalmente, as emoções agradáveis – que nascem de um sorriso, de um olhar cúmplice e de palavras gentis do colega – costumam ser tão intensas e únicas a ponto de ajudarem a criança a superar as dificuldades. As crianças com TOD podem estar menos inclinadas a senti-las, como se precisassem de mais estímulos para se conectar com o outro. No momento em que essa conexão demora a chegar, torna-se mais provável que, na primeira dificuldade, elas desistam da relação.

Além disso, muitas vezes as crianças com TOD estão muito centradas no que desejam naquele momento e custam a deixar isso de lado para se sintonizar com outra pessoa. Para elas, pode ser muito difícil tolerar a alternância normal da conversa, aceitando ficar quietas para ouvir o que outra pessoa quer compartilhar, razão pela qual tendem a monopolizar a conversa e depois a abandonar o interlocutor se este mudar de assunto.

Elas experimentam o fato de fazer coisas menos interessantes para elas, mas talvez agradáveis para o outro, como um grande aborrecimento e, portanto, tentam frequentemente trazer a atenção de volta para si mesmas ou concluir rapidamente, senão até interromper explicitamente, aquilo que é proposto pelos outros, para voltarem para o que é mais gratificante para elas. Essa atitude faz

com que elas sejam pouco toleradas por seus pares, que se mostram cada vez menos dispostos a interagir com elas de acordo com essas regras. Isso as expõe a muitas experiências de rejeição, de brigas ou de exclusão social, muitas vezes atribuídas a causas externas e não consideradas como consequências de seu próprio comportamento. Dessa forma, o outro é vivido mais uma vez como julgador, rejeitador, hostil.

Ter tudo isso em mente pode ajudar a tentar promover ao máximo interações positivas no contexto escolar, rompendo o círculo vicioso segundo o qual quanto menos eu interajo com meus colegas menos eu experimento como é preciso se relacionar e mais eu continuo utilizando métodos ineficazes ou inapropriados que me levam a viver novamente experiências de rejeição ou de exclusão quando me relaciono com os outros, confirmando que é melhor não me relacionar com eles.

O clima relacional que se cria em sala de aula é fortemente influenciado pelo estilo relacional dos próprios professores e professoras: os comportamentos que são reforçados pelo adulto são aqueles que as crianças tendem a reproduzir mais; além disso, o adulto sempre atua como modelo para os pequenos, tendo a oportunidade de dar um exemplo adequado de funcionamento. Um professor que se mostre atento às vivências emocionais de seus alunos e alunas de forma explícita promoverá uma atenção mais acentuada às emoções do outro também nos próprios estudantes.

Como intervir

Em termos práticos, vocês podem assumir o compromisso de prestar atenção nas emoções das crianças. Mesmo levando em frente a aula, parem e perguntem: "Como você está?", "Vejo que você está tenso; tem algo que está lhe preocupando?", "Notei que você parou e está apertando a caneta com força. Aconteceu alguma coisa que lhe deixou com raiva?" Dar espaço às emoções durante a aula permite fazer com que o outro se sinta considerado, favorece a atenção aos colegas e uma melhor conexão entre a criança com TOD e a turma. O conselho que damos a professores e professoras é misturar as palavras com a busca ativa do olhar da criança e um leve contato físico (a mão no ombro, por exemplo), de modo a transmitir afeto tanto por meio das palavras quanto de sinais não verbais.

Existem dois canais não verbais que mais remetem à conexão e ao afeto nas relações humanas: a busca ativa do olhar do outro e o contato físico. Enfatizem suas palavras com esses sinais não verbais e transmitam emoções positivas às crianças.

> Entre as diversas atividades que podem ser propostas para promover a socialidade, é possível distribuir a todas as crianças uma série de folhetos com atos gentis ou pequenos jogos para fazer com outros colegas, como tarefas "extras" a realizar durante o horário escolar ou em casa. Pode-se pedir que devolvam o cartão no fim da semana com a assinatura do colega com quem se decidiu compartilhar aquele momento e um breve comentário (ou o desenho de um *emoji*) indicando como foi. Para favorecer a relação com todos os colegas, as atividades devem ser realizadas sempre com uma criança diferente.

Para permitir uma reflexão sobre o ponto de vista do outro, pode ser útil aproveitar qualquer tipo de (história) lida em aula, parando e perguntando às crianças quais poderiam ser os pensamentos, as emoções e os comportamentos que elas poriam em prática se fossem os personagens. Dessa forma, surgiriam diversas evoluções possíveis da história, e a aula poderia fluir de modo mais envolvente, estimulando o debate e a interação com os pares. O mesmo tipo de atividade pode ser proposto com a encenação da história (uma hipotética cena relativa a um período histórico) com uma pequena recitação. Peçam que as crianças "virem estátua" quando vocês disserem "pare", mantendo a expressão do momento, e guiem a reflexão sobre os sinais que medeiam o reconhecimento da emoção sentida pelo personagem. Encenar envolve as crianças muito mais ativamente e também permite uma observação direta dos sinais não verbais.

— Uma boa ideia

Por cerca de um mês, tentem começar o dia com a turma propondo que as crianças se sentem, fechem os olhos por alguns instantes e esbocem deliberadamente um sorriso. Convidem-nas a sentir o efeito desse sorriso em seus rostos. Peçam que as crianças se lembrem de um momento de felicidade, grande ou pequena, recente ou passado. Terminem a atividade pedindo que as crianças unam a atenção ao sorriso delas com a lembrança feliz.

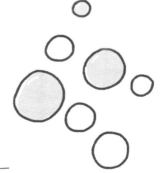

CAPÍTULO 11
NÃO SE SENTE
culpado

POR QUE FAZ ASSIM?

Porque muitas vezes a criança com TOD põe em prática comportamentos deliberadamente agressivos com leviandade.

Porque usa a agressividade como meio "lícito" para alcançar os próprios objetivos.

Porque tem pouca empatia e dificuldade de reconhecer as emoções da "vítima".

O QUE FAZER

✓ Reconstruam com a criança o que ela queria alcançar com seu comportamento. Façam com que ela se sinta *ouvida*.

✓ Direcionem a atenção dela para as possíveis consequências para ela mesma e para o outro.

✓ Treinem todas as crianças a identificar mais alternativas possíveis para **alcançar os próprios objetivos**.

O QUE NÃO FAZER

✗ NÃO se posicionem do lado da vítima sem antes compreender por que a criança praticou aquele comportamento.

✗ NÃO punam a criança sem explicar o motivo pelo qual vocês estão fazendo isso.

✗ NÃO rotulem o comportamento da criança como "mau".

O que ter em mente

Embora possam parecer frias calculistas ou oportunistas, as crianças com TOD não são "más": ao longo do tempo, elas aprenderam que o uso mais ou menos frequente ou intenso da agressividade pode ser útil para alcançar seus objetivos, de forma mais simples e rápida do que outras formas. A capacidade de tolerar a frustração e, portanto, de esperar que suas necessidades sejam satisfeitas é escassa; por isso, a utilização de modalidades mais rápidas de obterem o que desejam é particularmente atraente para elas. Além disso, também é importante levar em consideração que algumas crianças com TOD podem mostrar:

- dificuldade em reconhecer as emoções do outro, razão pela qual não conseguem captar e interpretar corretamente os sinais de tristeza, frustração ou raiva do outro, sem entenderem a reação dele;

- um déficit no componente afetivo da empatia, razão pela qual "não sentem" o que o outro sente, mesmo que – pensando nisso – consigam chegar a entender cognitivamente. Consequentemente, não compreendem plenamente as consequências emocionais que suas ações têm sobre o outro.

À luz desses elementos, parece mais compreensível o fato de não se sentirem culpadas: elas não têm consciência do impacto de suas ações sobre o outro. Isso não significa que não sejam capazes, quando oportunamente orientadas, de raciocinar sobre o próprio comportamento, mas sim que os mecanismos que implementam de modo automático são viciados por distorções cognitivas ("Não acontece nada comigo") e reforçados pelo fato de que, por esse meio, efetivamente alcançam seus próprios objetivos.

Como intervir

Na interação com crianças com TOD, é fundamental não julgar nem acusar. Acalmada a tempestade desencadeada pela criança, o primeiro passo a dar é tentar entender ativamente a motivação de seu comporta-  mento, reconstruindo com ela a sequência dos acontecimentos, explorando como transcorreram os fatos e fazendo com que ela se sinta ouvida e não julgada como culpada. O próximo passo é descrever tudo o que a criança fez em termos comportamentais, orientando-a a refletir bem sobre o nexo com aquilo que ela queria e sobre a adequação do gesto. Por fim, explicitam-se as consequências que esse comportamento teve para o outro e para a criança, fazendo-a pensar tanto no que ela "ganhou" quanto em seu "custo". Esse tipo de raciocínio abre a possibilidade de falar de modo objetivo, sem fazer julgamentos. Além disso, permite pensar em quantos outros comportamentos ela poderia ter praticado, favorecendo uma maior flexibilidade e a possibilidade de gerar alternativas.

A mesma flexibilidade pode ser treinada também fora do contexto do evento problemático, raciocinando sobre histórias e fatos que ocorreram com outras crianças e pedindo à turma que encontre o máximo de maneiras possíveis de agir para alcançar um objetivo ou resolver um problema. Pode ser útil realizar esse tipo de trabalho em pequenos grupos, para que as crianças possam propor raciocínios e ideias entre elas, antes de comunicá-los a vocês, professores e professoras. A ideia é ajudá-las a elaborar o máximo possível de soluções para um problema ou muitas modalidades para realizar o próprio desejo. Uma vez criada essa lista de soluções, convidem-nas a prestar atenção às possíveis consequências de cada uma delas. A mensagem que queremos passar para a criança com TOD e seus colegas é que não podemos dizer qual é a melhor solução para um problema sem considerar suas consequências. Pensar nelas é a nossa "parada" antes de agir. Explorem todas as oportunidades possíveis para ajudar as crianças a refletirem sobre o fato de que todo comportamento tem uma consequência.

> Esse trabalho ajudará particularmente as crianças com TOD que apresentam pouco sentimento de culpa. Ao contrário do que alguns acreditam, o sentimento de culpa é uma emoção saudável e funcional, porque ajuda a refletir sobre as consequências – para si e para os outros – dos próprios comportamentos. No desenvolvimento típico, desse modo, a criança aprende a modular o próprio comportamento a fim de ficar longe das consequências negativas para si e para os outros. Algumas crianças com TOD custam a alcançar esse objetivo de desenvolvimento e, portanto, devem ser ativamente ajudadas a prestar atenção nas consequências de seu comportamento, sobretudo aquelas que envolvem as emoções dos outros.

Convidem a turma a refletir sobre como é importante ser bons amigos e prestar atenção nas coisas que poderiam ser feitas para sermos bons amigos. Todas as crianças querem ser "boas amigas", mas algumas delas podem perder de vista o quanto isso é importante para elas e, assim, fingir que não estão interessadas no outro. É útil focar a atenção delas nos comportamentos que podem aproximá-las de se sentirem como boas amigas. A reflexão pode ser estimulada por meio de perguntas como: "Qual a importância disso para você, de 1 a 10? O que há de importante para você no fato de ter amigos? Que ações aproximam você dessas coisas importantes? Quais ações fazem você se sentir mais distante?" Pensar nesses termos pode ajudar as crianças a captarem melhor o vínculo entre seus comportamentos e a conquista de um "modo de ser" que desejam.

— **Uma boa ideia**

Pendurem na sala um cartaz que diga: "Ninguém é mau" ou outra frase que reforce esse conceito. Isso ajudará as crianças a se lembrarem de que o comportamento pode ser "mau", mas que a criança que o praticou não o é: ela apenas errou.

CAPÍTULO 12 NÃO ANOTA
as tarefas

POR QUE FAZ ASSIM?

Porque as crianças com TOD manifestam abertamente seu pouco interesse naquilo que não consideram agradável ou importante para elas.

Porque, se houver uma dificuldade de atenção, as tarefas para casa são muitas vezes fonte de frustração.

O QUE FAZER

✓ Reiterem à criança empaticamente e com voz calorosa que vocês compreendem as motivações ou o cansaço dela, mas que, mesmo assim, é importante que ela anote as tarefas.

✓ Reforcem todos os esforços dela, mesmo os mais mínimos, ao anotar ou ao realizar as tarefas para casa.

✓ Todos os dias, atribuam como tarefa para casa "obrigatória" que as crianças **dediquem 10 minutos a uma atividade agradável**.

O QUE NÃO FAZER

✗ NÃO deem tarefas extras a quem não as anota.

✗ NÃO punam a criança, mas lembrem sempre que é possível recuperar as tarefas caso elas fiquem para trás.

✗ NÃO desistam: é importante trabalhar cotidianamente para que as crianças treinem a escrita das tarefas.

O que ter em mente

O que leva o ser humano, adulto ou criança, a se envolver em algo cansativo? Poderíamos dizer que o empenho em atividades desagradáveis é sustentado pela expectativa de um reforço que virá quando o esforço terminar. Esse reforço pode ser interno, por exemplo a satisfação de ter atingido a meta, ou externo, por exemplo a chegada de prêmios, mas também, talvez acima de tudo, a chegada de afeto, elogios, calor do outro. Muitas crianças com TOD não puderam criar essa expectativa. São vários os motivos: baixa sensibilidade biológica ao reforço e crescimento em ambientes particularmente críticos e de pouco reforço. Desse ponto de vista, é absolutamente compreensível que uma criança com TOD possa se recusar ativa ou passivamente a fazer inúmeras atividades que, no ambiente escolar, exijam esforço, inclusive um pedido aparentemente simples como anotar as tarefas para casa.

Muitas vezes, assume-se que as crianças têm de fazer as tarefas porque o professor ou a professora manda, ou porque é assim que a escola funciona, e, portanto, nenhuma explicação particular é dada sobre sua importância. No funcionamento das crianças com TOD, esse tipo de pedido é inevitavelmente desinvestido ou, pior ainda, abordado com raiva, agressividade e oposição. Portanto, é fundamental refletir com a turma sobre o fato de que anotar as tarefas e fazê-las em casa são atividades ligadas aos objetivos de cada aluno e aluna. As crianças devem ter a possibilidade de aprender a dar a devida importância às coisas.

Como adultos e adultas, muitas vezes temos a tendência de assumir que a escala de valores das diversas pessoas está centrada e bem orientada para o objetivo; muitas vezes imaginamos que as crianças sabem por conta própria e exatamente quais são os passos a serem dados para atingirem seus objetivos (ou aqueles que nós achamos que poderiam ser os melhores para elas). Esperamos que elas se empenhem ativamente em uma série de atividades para alcançar resultados e que o façam de forma lucrativa, em termos de desempenho.

Nunca devemos esquecer que, especialmente nessa faixa etária, são fundamentais os valores do brincar livre, da experiência ao ar livre, da exploração das próprias aptidões pessoais, da criação de vínculos de amizade, da fantasia e da família. É inevitável que o fato de ter de fazer a tarefa para casa todos os dias tire um tempo dessas importantes áreas da vida. Com isso, não estamos convidando a defender que, nos contraturnos das crianças, só devem ter espaço as atividades que lhes são prazerosas, mas sim a ajudá-las ativamente a buscar um equilíbrio entre essas atividades e as tarefas para casa, sem esperar que elas o alcancem de forma rápida e autônoma, sem nenhum acompanhamento.

Além disso, não esqueçamos que os contraturnos em família muitas vezes se transformam em brigas entre responsáveis e filhos sobre o fato de "terem de fazer" à força as tarefas para casa, o que pode dar origem a discussões e tensões que a criança traz à mente no momento em que as anota na escola.

Como intervir

É importante não agravar ainda mais a questão das tarefas para casa, porque muito tempo da vida dessas crianças já gira de forma aversiva em torno desse assunto. Uma abordagem que pode funcionar é "pegar a criança de surpresa", interessando-se imediatamente por seus sonhos, seus objetivos e seus valores, a fim de fazê-la perceber que o caminho para um objetivo é sempre pavimentado com pequenos compromissos cotidianos. Vocês podem fornecer cartões com perguntas como: "Que tipo de pessoa eu gostaria de ser?", "O que eu sonho em ser quando crescer?", "Para quem ou para que estou aprendendo?", "O que eu mais valorizo neste momento?", a fim de ajudar as crianças a identificarem os possíveis caminhos úteis para alcançar esses objetivos. Sugerimos atribuir explicitamente uma tarefa a cada dia que leve as crianças a se envolverem em uma ação que as aproxime de um de seus objetivos, sonhos ou valores. Por exemplo, a uma criança que expressou a vontade de se tornar um jogador de futebol, vocês podem atribuir como tarefa para casa que ela faça 10 "embaixadinhas" por dia, tentando não deixar a bola tocar o chão, tarefa que será anotada na agenda, para que ela entenda a importância do empenho cotidiano para alcançar um objetivo.

Esforcem-se para perceber cada mínimo esforço que a criança faz quando tem de anotar as tarefas para casa ou, de modo mais geral, durante as atividades escolares que ela geralmente se recusa a fazer. Façam com que ela se sinta "olhada" mesmo quando faz algo positivo, enfatizando-o com elogios e gestos de afeto. É sempre importante cultivar um clima de empatia e de validação, lembrando com voz calorosa à criança que se compreende sua aversão às tarefas para casa, porque exigem empenho e concentração, e muitas vezes são fonte de frustração. Com a mesma abordagem, vocês podem enfatizar a importância de anotá-las, como primeiro passo, e que depois nos preocuparemos em como fazê-las.

Vocês podem tornar divertido o momento da atribuição das tarefas, propondo um sorteio daquelas a serem realizadas ou dando a possibilidade de que elas ajudem vocês a anotarem as tarefas no agenda eletrônica, caso haja. Esse papel de responsabilidade pode aumentar a conscientização ou estimular o interesse das crianças pelas coisas a serem feitas.

Muitas crianças se desinteressam pelas tarefas, já assustadas e cansadas pela quantidade de coisas com as quais se deparam quando as leem: dar a cada uma a possibilidade de escolher mesmo que apenas um ou dois exercícios a serem feitos entre os propostos pode dar uma sensação de controle e de eficácia. Nesse caso, serão assinalados apenas e exclusivamente os escolhidos pela criança.

Com a experiência do ensino a distância, todos, crianças e professores, foram forçados a aprender a usar computadores ou tablets. Vale a pena continuar a utilizá-los também para a realização das aulas e das tarefas, de forma a tornar mais cativante o momento de escrever ou de ler, e favorecer a aprendizagem também da utilização de instrumentos compensatórios.

 — *Uma boa ideia*

Vocês podem dar a cada criança o desenho de um balão de ar quente: no balão, elas escreverão tudo o que é importante para elas, que permite que elas "voem", que se sintam bem; nos sacos de areia, marcarão todos os "lastros", que pelo contrário são um obstáculo. A metáfora do balão ajudará a refletir sobre como alguns pesos são úteis e necessários para que o balão não voe alto demais e saia do controle, mas como, ao mesmo tempo, pesos demais o impedem de voar.

Anotações

Anotações

Anotações

REFERÊNCIAS

BOWMAN-PERROTT, L.; BURKE, M.D.; ZAINI, S.; ZHANG, N.; VAN-NEST, K. Promoting positive behavior using the Good Behavior Game: A meta-analysis of single-case research. *Journal of Positive Behavior Interventions*, v. 18, n. 3, p. 180-190, 2016.

EMBRY, D.D. The Good Behavior Game: A best practice candidate as a universal behavioral vaccine. *Clinical Child and Family Psychology Review*, v. 5, n. 4, p. 273-297, 2002.

FLOWER, A.; MCKENNA, J.W.; BUNUAN, R.L.; MUETHING C.S.; VEGA JR, R. Effects of the Good Behavior Game on challenging behaviors in school settings. *Review of Educational Research*, v. 84, n. 4, p. 546-571, 2014.

KELLAM, S.G.; ANTHONY, J.C. Targeting early antecedents to prevent tobacco smoking: Findings from an epidemiologically based randomized field trial. *American Journal of Public Health*, v. 88, p. 1.490-1.495, 1998.

REID, J.B.; EDDY, J.M.; FETROW, R.A.; STOOLMILLER, M. Description and immediate impacts of a preventative intervention for conduct problems. *American Journal of Community Psychology*, v. 24, p. 483-517, 1999.

SUNDERLAND, M. *Disegnare le emozioni: Espressione grafica e conoscenza di sé*. Trento: Erickson, 1997.

WHITE, H.R.; LOEBER, R.; STOUTHAMER-LOEBER, M.; FARRINGTON, D. Developmental associations between substance use and violence. *Development and Psychopathology*, v. 11, p. 785-803, 1999.

Apêndice

Como prevenir: o Good Behavior Game (GBG)

O Good Behavior Game (GBG, Jogo do Bom Comportamento) é uma intervenção para a prevenção das problemáticas comportamentais baseado em evidências científicas que se estrutura nos resultados obtidos em mais de 40 anos de pesquisa. Foi demonstrado que o GBG reduz os problemas de comportamento em sala de aula, melhora a aprendizagem dos estudantes e reduz a probabilidade de agressividade e outros comportamentos problemáticos ao longo do tempo (ver as referências a esse respeito na Bibliografia). Por esses motivos, considera-se que ele pode ser particularmente útil no caso de crianças com TOD, assim como pode ser útil em geral para melhorar o clima em sala de aula. Tal intervenção, de fato, dirige-se a toda a turma, não apenas ao aluno individual.

A ideia de fundo do GBG é a de prestar atenção – sob a forma de jogo, mas de modo estruturado – nos comportamentos positivos dos alunos e das alunas, encorajando-os, reforçando-os e, ao mesmo tempo, ignorando os comportamentos negativos menores. Só são penalizados os comportamentos de grave violação às regras e não, por exemplo, as crianças que não conseguem realizar a atividade corretamente: o sistema de premiação visa a valorizar os comportamentos corretos e não deve ser utilizado para punir o desempenho.

O jogo é em equipes e tem um tempo limitado a 10 a 15 minutos; os prêmios que são dados às crianças estão ligados exclusivamente ao momento do jogo, enquanto as regras também podem ser relembradas em outros momentos da jornada escolar (contanto que não haja um prêmio ou uma punição em decorrência).

Apresentação do jogo

1. Anunciem para a turma que vocês farão um jogo em equipes durante a aula, que durará cerca de 10 minutos (com o passar das semanas, vocês podem prolongá-lo para 20 minutos), e formem as equipes. Deixem claro que serão sempre vocês que decidirão as equipes e que elas mudarão a cada duas semanas, mais ou menos. Por exemplo:

> Em nossa aula, temos uma oportunidade muito especial: fazer uma nova atividade que nos ajudará a nos divertir e a aprender mais. Essa atividade se chama *Jogo do Bom Comportamento*, tem ajudado muitas crianças e professores a se divertirem e a aprenderem na escola, e acho que vai ser ótimo fazer isso na nossa turma. Agora vou explicar como ele funciona, prestem bem atenção!
>
> Quando fizermos esta atividade, seremos divididos em equipes: eu vou decidir os membros de cada equipe e vou escrevê-los na lousa. Eu vou atribuir uma tarefa a ser feita, que todos os membros de uma equipe devem tentar terminar. A atividade pode ser a revisão de um tema escolar, a leitura de um texto, um desenho etc. Todas as vezes que eu vir um de vocês respeitando uma regra, ou seja, tendo um bom comportamento, vou atribuir um *emoticon* de "carinha sorridente" à equipe de vocês. Infelizmente, se eu vir um de vocês infringindo uma regra, comportando-se mal, vou atribuir uma "carinha triste".

2. Expliquem as regras, dando muitos exemplos de comportamentos que serão premiados – aqueles que vocês desejam aumentar a frequência durante o GBG – e aqueles

que serão punidos. A escolha das regras é um momento de fundamental importância, pois esclarece e define quais comportamentos gostaríamos que os alunos e as alunas pusessem em prática; por isso, é necessário que as regras sejam poucas (no máximo três) e formuladas de forma clara e de fácil compreensão, possivelmente de modo positivo: "Faça..." é muito mais preferível do que "Não faça...", porque explicita o comportamento que esperamos ver, sugerindo uma alternativa válida para um comportamento disfuncional. "Não faça..." sublinharia e chamaria novamente a atenção para o comportamento que se gostaria de eliminar. É importante que as crianças sejam capazes de lembrar o que esperamos delas; portanto, a sugestão é assumir cerca de três regras, que deverão ser explicadas com inúmeros exemplos, a fim de torná-las o mais claras possível. Por exemplo, sugerimos: respeitar-se, ser responsável, fazer o seu melhor. Por fim, aconselha-se fazer um cartaz das regras que fique bem visível. Lembramos que as regras devem ser utilizadas com o sistema de pontos única e exclusivamente durante o jogo, mesmo que vocês possam relembrá-las sempre que considerarem oportuno.

Outros exemplos de regras podem ser:
○ trabalhar em silêncio;
○ participar ativamente das atividades do GBG;
○ seguir as instruções;
○ ouvir atentamente as instruções quando forem ditas;
○ ser gentil;
○ permanecer sentado, salvo indicação contrária;

- começar a trabalhar imediatamente após as instruções serem dadas;
- levantar a mão para falar.

3. Expliquem que, durante o jogo, vocês assinalarão todos os comportamentos de respeito e de violação das regras que observarem, marcando uma carinha sorridente ou triste na lousa. É importante motivar as crianças a cooperarem e a tentarem não quebrar outras regras. Por exemplo:

> Como ganhamos as "carinhas sorridentes"? Devemos respeitar as regras! Para poder respeitá-las, é muito importante que elas sejam claras. Por isso, eu preparei um cartaz em que elas estão escritas. A primeira regra é se respeitar. Respeitar significa considerar as palavras ou os sentimentos do outro, cuidar para responder de modo gentil, fazendo o que nos é pedido. Se eu lhes dissesse: "Abram o livro na página 15", o que vocês fariam? Se vocês executassem o meu pedido rapidamente e em silêncio, vocês ganhariam uma "carinha sorridente" na lousa [marquem uma "carinha sorridente" para todas as equipes que realizarem a tarefa]. Vejamos: "Carlos, me pergunte que horas são" [depois falem com outra criança e não respondam]. "Fui respeitosa? Não. Por que não?" [os estudantes respondem]. Respeitar-se é cuidar do outro e das coisas ao nosso redor. A segunda regra é ser responsável. Em sala de aula, ser responsável significa estar pronto para aprender, controlar o próprio comportamento e tratar bem o material e o ambiente escolares. Deem-me alguns exemplos de como somos responsáveis [os estudantes respondem]. Muito bom. Vejo que Mário é responsável porque está bem sentado na cadeira e está me ouvindo. Agora vou marcar uma "carinha sorridente" para a equipe de Mário.

Vocês serão ótimos para ganhar "carinhas sorridentes", eu sei disso!

4. Expliquem que as equipes (ou a equipe) vencedoras receberão um prêmio logo após o fim da atividade, especificando que tipo de prêmio, e exponham as consequências negativas das infrações das regras.

Para poder ganhar o prêmio, é preciso que a equipe obtenha um número mágico de "carinhas sorridentes", que sortearemos todos os dias e será sempre diferente. Entendido? Para ganhar, vocês terão que se comportar bem o máximo possível para receberem muitas "carinhas sorridentes"! Mas atenção: se vocês obtiverem o número mágico de "carinhas sorridentes", mas tiverem mais de quatro "carinhas tristes", não poderei lhes dar o prêmio, e a equipe de vocês não poderá vencer naquele dia.

Não espero dar muitas "carinhas tristes", mas terei que fazer isso se alguém não seguir as regras da turma e dificultar o jogo para os outros. Se a equipe de vocês obtiver mais de quatro "carinhas tristes", ela não poderá ganhar o prêmio daquele dia, mesmo que tenham obtido o número mágico de "carinhas sorridentes". Acho que não vou precisar dar "carinhas tristes", não é? Vamos nos esforçar, em vez disso, para conseguir o máximo de "carinhas sorridentes".

Desenvolvimento do jogo

Depois de apresentar o jogo, vocês podem prosseguir com seu desenvolvimento.

1. Dividam os alunos e as alunas em quatro ou cinco equipes compostas aproximadamente pelo mesmo número de

pessoas. Cada criança deve saber claramente a qual equipe pertence; Por isso, recomendamos dividir as crianças de acordo com seus lugares, identificando algumas áreas da sala de aula. Cada equipe assumirá um nome.

2. Na lousa, desenhem um espaço para marcar de forma clara e visível todos os pontos obtidos por cada equipe, indicando seu nome ou os nomes das crianças que pertencem a ela.

3. Quando o jogo começar, cada equipe deve respeitar as regras compartilhadas e terminar uma atividade atribuída. Sempre que vocês virem uma criança que está respeitando uma regra (por exemplo, está se esforçando muito no que está fazendo), vocês vão dizer isso em voz alta e atribuirão um ponto à sua equipe.

4. Os pontos serão marcados com "carinhas": vocês vão desenhar uma "carinha sorridente" toda a vez que uma criança respeitar uma regra. Recomendamos dar elogios específicos para um comportamento apropriado (por exemplo, "Obrigado por ter olhado atentamente para mim", "Você está fazendo um ótimo trabalho sentado em posição de escuta") junto da atribuição da "carinha sorridente" pelo menos uma vez a cada 2 minutos, se a maioria dos estudantes atenderem às expectativas comportamentais. Se, ao invés disso, uma criança praticar comportamentos de grave violação das regras, vocês atribuirão a toda a equipe uma "carinha triste". Esclareçam que, com mais de quatro "carinhas tristes" por equipe, não será possível ganhar o prêmio.

5. Terminado o tempo de jogo, sorteiem o "Número Mágico", ou seja, o número mínimo de "carinhas sorridentes" (entre 6 e 15) a ser alcançado para poder ganhar o prêmio. Todas as equipes que obtiveram um número de "carinhas sorridentes" igual ou superior ao "Número Mágico" recebem o prêmio.

6. Deem os prêmios logo após o término do tempo de jogo. Para incentivar ainda mais a participação, vocês podem identificar a criança ou grupo vencedor do mês, ou seja, aquele que tiver o maior número de vitórias, que receberá um certificado ou uma medalha/bandeira.

Os prêmios

Ter o reconhecimento positivo do professor ou da professora pelo comportamento correto ou por ter alcançado uma meta permite que os alunos e as alunas se sintam motivados e eficazes. Os prêmios não devem ser caros do ponto de vista econômico, mas devem ser atraentes, de natureza diversa e variáveis ao longo do tempo. Abaixo, damos alguns exemplos e sugestões.

○ *Prêmios tangíveis:* tudo o que vocês considerarem apropriado para premiar a equipe de forma concreta, como por exemplo adesivos, balas, chicletes, certificados, cartas de reconhecimento para os responsáveis etc. Sugerimos que se usem prêmios tangíveis nas primeiras semanas, a fim de motivar as crianças a participar, obtendo um reforço visível logo após o jogo. Depois, vocês podem passar para um sistema de prêmios intangíveis, para generalizar os comportamentos corretos que foram adquiridos.

- *Prêmios intangíveis:* tudo o que vocês considerarem apropriado para premiar a equipe com privilégios especiais, por exemplo, ser líder, apontar o lápis dos colegas, cuidar das plantas do jardim/sala de aula, distribuir as fotocópias, escolher a brincadeira da hora do recreio.

- *Coisas divertidas/engraçadas ou comportamentos que normalmente não são permitidos em sala de aula:* imitar os sons de diferentes animais em diferentes horários da aula, brincar de basquete com o cesto de lixo, corrida de aviões de papel, fazer bolhinhas de sabão, desenhar/rabiscar livremente por alguns minutos na folha ou na lousa, ouvir/dançar uma música da preferência das crianças, minutos extras de recreio etc.

- *Fazer vocês mesmos fazerem coisas bobas ou se vestirem de uma certa maneira:* por exemplo, eles podem ganhar a possibilidade de fazer vocês usarem um chapéu engraçado na próxima aula, de fazer vocês dançarem balé na frente da turma etc.

- *Prêmio-surpresa:* vocês podem optar por escrever o prêmio do dia em uma folha e mantê-lo em segredo até o fim do jogo.

COLEÇÃO

O QUE FAZER (E O QUE EVITAR)

Acesse

LIVRARIAVOZES.COM.BR/COLECOES/
O-QUE-FAZER-E-O-QUE-EVITAR

e veja a coleção completa

Conecte-se conosco:

 facebook.com/editoravozes

 @editoravozes

 @editora_vozes

 youtube.com/editoravozes

 +55 24 2233-9033

www.vozes.com.br

Conheça nossas lojas:
www.livrariavozes.com.br

Belo Horizonte – Brasília – Campinas – Cuiabá – Curitiba
Fortaleza – Juiz de Fora – Petrópolis – Recife – São Paulo

  Vozes de Bolso

EDITORA VOZES LTDA.
Rua Frei Luís, 100 – Centro – Cep 25689-900 – Petrópolis, RJ
Tel.: (24) 2233-9000 – E-mail: vendas@vozes.com.br